経営情報システム入門【第2版】

柴 直樹・水上祐治 著

日科技連

第2版刊行にあたって

　本書の初版が出版されてすでに8年が経過しました．初版のまえがきでも述べましたが，本書は「システム」という概念を柱に，経営情報システムに関連する主要なトピックを初学者にわかりやすく解説するテキスト(教科書)として執筆されたものです．「システム」という概念は，多くのものに適用可能な汎用性のある抽象度の高い概念ですので，今日のような情報技術を取りまく状況が目まぐるしく変化する中であっても，10年程度の時間の経過で陳腐化するようなものではありません．しかし，さすがに8年という時間を経て，本書にも時代の変化に合った改訂を必要とする部分が出てきました．特に，技術的な側面に比重を置いた一部の章は，大きな書き直しが必要となりました．

　今回，初版の全般にわたって最新の技術動向に合わせた更新を必要とする部分に手を加えるとともに，2つの章を削除し，「経営情報システム」の教科書として使いやすいものにするための試みを行いました．以下，削除した章と，その理由について述べます．

　初版にあった「情報セキュリティ」の章は，今回の改訂版で削除しました．理由は，初版で扱っていた「暗号システム」を取り巻く技術的状況の変化です．現在の暗号システムの中心的な暗号アルゴリズム(RSA暗号系)は，量子コンピュータの普及によって近い将来，他の暗号システムに取って代わられるといわれています．新しく使われる暗号システムの仕組みは，本書の1つの章を割いて解説するには専門的すぎると思われます．よって，今回の改訂版では削除することにしました．

　初版にあった「情報倫理」の章も，今回の改訂版で削除しました．理由は2つあります．1つには，情報倫理が問題としている情報技術と倫理との関係は，「技術者倫理」という応用倫理学の中で論じられ，1つの学問分野として確立したものとなっているからです．その結果，情報倫理を含めた技術者倫理についてより深く学ぶ機会は他に多く存在します．例えば，多くの理工系の大学において技術者倫理，あるいはそれに類する科目が必須のものとしてカリキュラ

ム中に設置されています.

　もう1つは，情報技術をとりまく倫理的な側面が，今後大きく変化すること
が予想され，「経営情報学」の1つのトピックとして他と並べて取り上げるに
は適さないと考えたからです．ここ数年の情報技術の発展に伴い，AIや仮想
通貨，ブロックチェーンなどの分散型技術が今後急激に浸透することが予想さ
れます．特に，自動運転技術の製造者責任の問題や，チャットボットによる偽
情報生成の問題など，AIがもたらすさまざまな倫理的なリスクが懸念されて
います．これらは，今後数年で大きく変化する可能性を有しているため，この
種の問題について学びたい場合には，最新の情報にアクセスすることが必要と
考えられます．よって，今回の改訂版では削除しました．

　以上，2つの章を削除した結果，今回の改訂版は8章から構成されています.
今回の改訂作業は，第1〜4章をおもに柴が，第5〜8章をおもに水上が担当し
ました．初版を教科書として使用する中で，さまざまな助言や意見をいただい
た学生諸氏，筆者らの同僚に感謝します．本書が初版に比べて優れたものに
なったのは，皆様のおかげです．もちろん，本書に依然として残る欠点や不備
があるとすれば，その責任は我々筆者らにあります．最後に，初版時と同様,
本書の執筆にご助言いただいた日科技連出版社の木村修氏に御礼申し上げると
同時に，ここに名前をあげることのできないすべての方々に対して，感謝の意
を表します.

　2024年2月

向春の習志野にて

柴　直樹，水上祐治

初版のまえがき

　本書は，大学の学部1年生，2年生の段階で「経営情報システム」について初めて学ぶ人を想定して書いたものです．大学の課程の中で経営情報システムについて学ぶ機会を持つのは，商学部，経営学部，経済学部といった，いわゆる「文系」の学部に在籍している学生が多いと思いますが，本書では，これらの学部のみならず，工学部や理学部といった，いわゆる「理系」の学部に在籍していて，経営や情報システムといった分野に興味のある学生も読者として想定しています．

　経営や情報システムといった分野への取り組みにはさまざまな方法がありますが，本書は，いわゆる「文系」や「理系」の枠を越えて，経営，情報といった対象について学べるように書かれています．経営や情報は多くの側面を持つので，学ぶべき内容も多岐にわたりますが，単なるトピックスの寄せ集めではなく，全体を貫く鍵となる概念を設定しています．それは「システム」と呼ばれるものです．詳しくは本書で学びますが，システムという概念は，多くのものを包括するとても強力なものです．本書では，このシステムというキーワードを柱に，経営や情報についてさまざまな面から取り組んで行きます．

　本書は，質問とそれに対する回答という形式で書かれていて，いわゆる学術書や専門書とは異なるスタイルをとっています．このようなスタイルを採用したのは，初めて学ぶ人にとって，さまざまな質問に答えていくという形式は自然なスタイルであると考えたからです．本来，私たちの知識や理解は，一方的な情報伝達によって得られるものではありません．複数の人間の間での質疑や討論を経ることで，深い理解に到達できます．みなさんが高校まで学んできたことは，あたかも万人に認められた事実として，教師から生徒に伝達されることが多かったと思います．しかし，経営情報システムが扱うのは，人間や経営上の複雑な問題です．この種の問題には，さまざまな見方や解決方法が考えられ，唯一の正解というのはありません．直面している問題について，「なぜそのような手段で解決をするのが望ましいのか」，「なぜそれが望ましいと考える

のか」を説明して説得する必要に迫られることがしばしば起こります．場合によっては，複数の人間による討論が欠かせないこともあります．本書で質問とそれに対する回答という形式を用いているのは，このような理由からです．

　加えて，回答にあたっては，図やイラストも併用しますが，できる限り自然言語による文章で答えるというポリシーで書いています．それは，言葉がもつ「抽象化」の機能を重視したいからです．詳しくは本書の第1章で説明しますが，抽象化は広く遠くまで見通しがきく思考力の育成に不可欠なものです．言葉のもつ大切な機能の一つが，この抽象化です．図やイラスト（イメージ）を多用した資料は，短い時間で直感的な理解を獲得するには有用ですが，反面，このようなイメージを媒介にした知識の伝達では，言葉の持っている抽象化の側面を切り捨ててしまうことになります．文章を主体に回答するのは，新しい理論を深く考えながら学んでもらい，将来まで見通しがきく思考を獲得するために必要だと考えるからです．

　本書は全10章で構成されています．第1章では本書のテーマである「経営情報システム」の定義と，本書を貫く鍵となる概念であるシステムについて述べています．したがって，すべての読者に，第1章を最初に読んでいただきたいと思います．また，第2章以降でどのような内容を扱い，どうしてそれらが必要なのかについても，第1章の中で述べています．第2章以降については，読者の興味に従って，自由な順序で読むことができます．また，講義テキストとして使用する場合も，講義科目の目的と，教員の考えにもとづき，第2章以降の内容を自由に組み合わせて使用することができると思います．

　本書の大部分は，筆者の一人である柴が2011年8月から2012年8月にかけて海外派遣研究のため主に英国に滞在している間に，研究活動の合間を見て書いたものです．それらは，その後，柴が在籍する大学における経営情報システムに関する講義の資料として使用されてきました．さらに，2015年よりもう一人の筆者である水上が共同で同じ講義を担当することになったことから，企業においてシステム開発やプロジェクトマネジメントの実務的な経験をもつ水上が新たに著者として加わりました．第8章は柴が作成した資料をもとに，水上が加筆修正を行い，第9章は水上が今回新たに作成したものです．他の章（第1～7章，第10章）については，上述の資料をもとに，今回，柴が加筆修正しました．

　本書の執筆に際しては，多くの方々からご助言やご協力をいただきました．

　また，本書に記した筆者らの世界観の形成は，多くの方のご指導によっています．個別にお名前をあげるには，その数があまりにも多すぎます．一部の方にとどめる点，ご容赦ください．まず，柴にシステムの理論を教授していただいた，高原康彦先生(東京工業大学名誉教授)に心より御礼を申し上げたいと思います．また，ご自身の著作からの図の転載を快諾していただいた飯島淳一教授(東京工業大学)，一部の章に関してそこに盛り込むべき内容に柴が逡巡していた際，ご助言と情報提供をいただいた齋藤敏雄教授(日本大学)に，この場を借りて御礼を申し上げます．加えて，水上にシステム開発の理論を教授していただいた，井田昌之教授(青山学院大学)と大湾秀雄教授(東京大学)に，心より御礼を申し上げたいと思います．さらに，本書の執筆にご助言いただいた日科技連出版社の木村修氏に御礼申し上げます．最後に，ここに名前をあげることのできないすべての方々に対して，感謝の意を表します．

2016年3月

早春の習志野にて

柴　直樹，水上祐治

【補足資料ダウンロードサービスについて】

　本書の補足資料「第2章の補足(ゲーム理論)」を，日科技連出版社のウェブサイト(https://www.juse-p.co.jp/)からダウンロードできます．トップページ上部のタブ［ダウンロード］をクリックすると，検索画面が表示されるので，書名もしくはISBNを入力し検索します．

　該当する書名をクリックすると，ダウンロードのボタンが表示されます．

注意事項

1. 「第2章の補足(ゲーム理論)」の著作権は著者にあります．本資料を無断で複製・配付等することを禁じます．
2. 著者および出版社のいずれも，本資料をダウンロードしたことに伴い生じた損害について，責任を負うものではありません．

経営情報システム入門【第2版】

目　次

第1章　経営情報システムとは何か………1

第2章　意思決定………21

第6章　情報システムの開発⋯⋯⋯95

第7章　プロジェクトマネジメント⋯⋯⋯121

第8章　社会システムとシミュレーション………149

装丁・本文デザイン＝さおとめの事務所

第1章

経営情報システムとは何か

　本書のテーマは，「経営情報システム」です．経営情報システムとは何かという問いにまず答えなければなりませんが，その前に，この言葉を構成している3つのキーワード，

1) 経営(マネジメント)
2) 情報
3) システム

を押さえておく必要があります．まず，この3つのキーワードが何を意味するものかを考えていきましょう．

1.1　経営(マネジメント)とは何だろう？

　まず，「経営」と「マネジメント」という2つの言葉の関係について確認しておきましょう．「マネジメント」という言葉は，いうまでもなく英語の management に由来する外来語です．本書では，これら2つの「経営」と「マネジメント」を同じ意味で用います．以降では「経営」に統一することにします．

　「経営」とは何かという問いには，立場によってさまざまな回答がなされます．「経営工学」という学問分野で，広く一般的に認められている回答は，次のようなものです．

> 　経営とは，何らかの目標(「経営目標」といいます)を達成するために，「人(ヒト)」，「物(モノ)」，「金(カネ)」，「情報」の4つ(これら4つを「経営資源」といいます)を，決められた制約の範囲内で適切に組み合わせて活動することである．

　「経営」を学び始めて間もない人は，この定義を見てもピンとこないかも知れません．例を用いて解説しましょう．まずは，みなさんにとって身近と思わ

れる例をあげます．これは，通常のビジネス（事業）における例とは違いますが，経営とはみなさんの周りの身近な場所にどこにでもあるのだということを理解してもらうのが目的です．その後，よりビジネス状況を想定した例をあげます．

　例えば，みなさんが誰か大切な人と一緒に1週間の旅行に行くことを考えてください．「大切な人」とは，みなさんの家族でもいいですし，友人でも構いません．旅行に一緒に行って楽しい時間を過ごしたい人を誰か1人想像してみてください．

　旅行の計画を立てる際には，決めなければならないことがたくさんあります．目的地，ルート（旅行経路），交通手段，宿泊地や宿泊施設などがそうです．これらを決めるに当たって，まずは旅行の目的[1]を決める必要があります．みなさんが想定した「大切な人（以降，Aさんとします）」が，「苗場スキー場に行きたい」，「札幌に行きたい」，「ロンドンに行ってみたい」といったように，明確な目的地をすでに決めている場合，もしその目的地にあなたも賛同できるならば，手持ちの予算でまかなえるか，日程的に可能かどうかというより細かい検討に入ることができます．しかし，「特にどこというわけではないが，温泉に行ってのんびりしたい」とか，「ヨーロッパを周遊したい」といったように，明確な目的地を持っていない場合や大まかなエリアしか決めていない場合はどうしますか？

　Aさんが希望する目的地が明確でない場合には，旅行にAさんが何を求めているのか，あるいは，あなたがAさんと旅行することで何を得ようとしているのかを確認しなければなりません．「特にどこというわけではないが，温泉に行ってのんびりしたい」という場合だと，「移動にはあまり時間をかけずに，静かな温泉地にゆっくり滞在して英気を養いたい」とか，「いいお湯にゆっくり浸かって，おいしい料理を食べたい」といった希望を具体的に聞き出したうえで，可能な予算と日程との兼ね合いを考慮して行き先を決めることになるでしょう．また，「ヨーロッパを周遊したい」という場合，「ヨーロッパ各地にある古城を訪ねたい」とか，「ヨーロッパの鉄道にたくさん乗ってみたい」，「ヨーロッパ各国の料理の食べ歩きをしたい」といったように，さまざまな目的が想定できます．いずれの場合でも，ヨーロッパの地理情報をもとに，

---

[1]　ここでの「目的」は，前述の経営の説明における「目標（経営目標）」とほぼ同じ意味で用いています．

温泉の場合と同様に予算・日程との兼ね合いを考慮して行き先を決めなければなりません．また，「ヨーロッパ周遊」といった大まかで曖昧な希望しか持ち合わせていない場合，具体的な旅行プランを考える過程で，利用可能な交通機関との兼ね合いといった制約条件から，再度，目的地を修正する必要が出てくるかもしれません．

このように，何かを企画する場合に，その企画の目的を押さえておかなければ，「温泉でおいしい料理」が目的だったのに，料理にかける予算が足りなくなってしまいちっともおいしくなかった，といった具合に，後悔することになります．難しいのは，目的が最初からはっきりと見えていない場合がよくあることです．「苗場スキー場に行きたい」というように，スキーに行くのが目的で，目当てのスキー場もはっきりと決まっていれば楽ですが，そうでない場合はごく普通にあります．前述の「ヨーロッパ周遊」の例がそうでした．旅行の目的がスキーのような具体的なものから，「家族の親睦を図る」とか「夏期休暇を使ってリフレッシュする」といった漠然とした抽象的なものになるに従って，当事者自身がその目的を明確にするのは難しくなります．

旅行の目的が決まると，具体的な訪問地，旅行経路，交通手段，宿泊場所，宿泊施設といったこまごまとしたものを決めて，切符を買うとか，宿の予約をするといったように，必要なものを手配する必要があります．その際には，必要ならばＡさんと手分けをしたり，以前に目的地に行ったことのある友人に聞いたり，あるいはインターネットを使って情報を収集したりしたうえで，予算を決め，電話を使ったり旅行代理店に出向いたりして必要なものを手配することになるでしょう．このように，企画をいいものにするためには，ヒト(Ａさんや友人)，モノ(コンピュータや電話)，カネ(旅の予算)，情報(目的地の情報)を駆使する必要があります．当然ですが，これらの「ヒト」，「モノ」，「カネ」，「情報」は無制限にいくらでも使えるわけではなく，いずれも使える範囲には制約があります．与えられた制約の中で，これらをうまく組み合わせなければなりません．

経営とは，このように目的の達成のために，「ヒト」，「モノ」，「カネ」，「情報」を決められた制約の範囲内で適切に組み合わせて活動することです．ビジネス(事業)における経営も同じです．何らかの企業を立ち上げて，事業を始める状況を考えてみてください．企業を設立する際には，その企業の目標(経営目標)を決める必要があります．利潤を最大化すること，つまりできるだけ多

くのお金を稼ぐことが経営の目標であると考える人がいるかもしれません．もちろん，利潤を出すことは企業活動を存続させるうえで不可欠です．しかし，利潤を出すこと，つまりお金を稼ぐことそのものは，企業の経営目標としては十分ではありません．これは，先ほどの旅行の例で「温泉に行きたい」というだけでは具体的な目的地が決められなかったのと同じです．お金を稼ぐにはさまざまな方法が考えられます．製品を生産して売ることもその 1 つですが，何を生産するのか，どういった取引先や消費者を対象にするのかを考えるにしても，漠然とお金を稼ぐという目標だけでは何も決められません．また，お金を稼ぐことを第一目標に考えると，現代のように企業間の競争が厳しい中では，人件費削減のために社員に過酷な長時間労働を強制したり，製造コストを削減するために製品の安全性を疎かにしたりといった，多くの人にとって望ましくない結果につながる可能性があります．

　企業における経営目標は，「企業理念」と呼ばれることもあります．次に紹介するのは，日本を代表する製造業企業であるトヨタの企業理念の一部です．

> ― クリーンで安全な商品の提供を使命とし，あらゆる企業活動を通じて，
> 　住みよい地球と豊かな社会づくりに取り組む
> ― グローバルで革新的な経営により，社会との調和ある成長をめざす
> 　　　　　　　　　　　　　（トヨタ自動車の Web ページ [1] より一部抜粋）

　このように，企業理念というのはいくぶん抽象的で漠然としていますが，ここにはトヨタの目標が，「住みよい地球と豊かな社会づくり」であること，その手段は「クリーンで安全な商品の提供」であることが読みとれます．しかも，トヨタの成長とは，単に金を稼いで利潤をあげることではなく，「社会との調和のある成長」であることが示されています．

　企業の経営者は，このような企業理念にもとづいて，具体的に従業員（ヒト），設備（モノ），資金（カネ），ノウハウや顧客データ（情報）といった経営資源を組み合わせて，企業活動を行います．企業の場合，関連するヒトの数，モノやカネ，情報の量などが前述の旅行の例と違ってきます．ヒトやモノの数が増えると，その取扱いは難しくなります．カネや情報についても，量が大きくなるとその取扱いにはさまざまな技術や道具が必要になってきます．

1.2 情報とは何だろう?

1.1 節で述べた旅行の企画の例において,「情報を集める」といったとき,この「情報」という言葉はどういったものをさしますか? 例えば,「苗場のアスコットホテルの 1 泊の宿泊費は 8,000 円である」とか,「ロンドンからパリへは高速鉄道ユーロスターを使って陸路で行くことができる」とか,「A さんによれば,箱根の温泉旅館「森丸屋」の料理はとてもおいしいらしい」といったものが企画作りに役立ちそうな情報でしょう[2].

これらの例を見ればわかりますが,情報にはさまざまな形態があります.宿泊費や距離のように数値で表現できる情報もありますし,「できる/できない」といった数値以外の値や「とてもおいしい」といったように数値化することが難しい情報もあります[3].

ただし,いずれの場合も共通していることは,言葉や数字などの「記号」によって表現されていて,紙に書かれたり,音声として発せられたりといった何らかの手段によって伝達されるものです.前述の例はすべて日本語で表現されていますが,私たちが日常的に用いている言語(例えば日本語)は,記号の集まりでできています.

ここでいう「記号」とは,紙などに書かれたものに限定されません.A さんが「おいしい」という音声を発するとき,空気の振動のパターンとして表現される「おいしい」という単語は,日本語を理解する人,日本語を話す人の間では意味を共有できる 1 つの記号です.この記号は,もちろん食物の好ましさを表現します.

旅行の企画において,私たちはなぜこれらの情報を集めるのでしょう.それは,旅行を企画する際に決めなければならないさまざまなこと,例えば,旅行経路をどうするか,宿泊場所をどこにするかといったことを決める際に必要だからです.

このように経営において情報とは,ものごとを決める際に必要不可欠な材料です.

活動を進めていくうえで必要なさまざまなことを決める行為のことを,経営

---

2) ここで出てくる「アスコットホテル」,「森丸屋」は架空のもので実在するものではありません.

3) 前者のように数値化できる情報(データ)を「量的データ」,後者のように数値化できない情報(データ)を「質的データ」と呼んで区別することがあります.

では「意思決定」といいます[4]．意思決定をどのように効果的に行うかは，経営における重要な課題ですが，その際に，情報をどのように使うかが鍵になります．難しいのは，問題によって手に入れられる情報の量や質に違いがあることです．例えば，スキー旅行が楽しいものになるかどうかは，積雪量や天候に大きく左右されますが，現在の技術では，未来の天候を正確に予測することは困難です．そうすると，旅行予定日の天候やスキー場のコンディションは確実にはわからないという前提で，スキー旅行に関するさまざまな意思決定をしなければなりません．しかし，確実ではないにしても，天気予報などである程度の可能性がわかる場合には，それを踏まえた意思決定を行うべきでしょう．

　このように，入手できる情報の質（確実な情報か否か）や，情報が入手可能かどうかに応じて，どのようにして効果的な意思決定を行えばいいかを教えてくれる理論は「意思決定理論」と呼ばれます．本書では第2章でこの意思決定理論を取り扱いますが，ここで「理論」とは何か，なぜ私たちはそれを学ぶ必要があるのかについて確認しておく必要があります．その前に，「情報」と「コンピュータ」との関係について見ておきましょう．なぜなら，コンピュータは理論を学ぶことの重要性に大きく関係しているからです．

1.3　なぜ経営に「コンピュータ」が必要なのだろう？

　1.2節で説明したとおり，効果的な意思決定は経営を成功に導くうえで欠かせません．そこで鍵となるのは，「情報」をいかに使うかということでした．今日の経営をコンピュータ抜きに語ることはできませんが，それはこの「情報」という経営資源の重要性が以前に比べて増してきているからです．

　なぜ「情報」の取扱いにコンピュータが使われるのでしょう．コンピュータの最大の特徴は，膨大な情報を，指定された手続きに従って，高速に，もれなく処理してくれるところにあります．経営における日々の意思決定に，どの程度の情報が使われるかをイメージしてもらうために，製造業の生産現場における管理を例にとりあげます．製造現場において，経営目標や販売計画に従って

---

[4]　「意思決定」を「意志決定」と書く人もいますが，ここでは，「志」ではなく「思」を使います．本書では，「意思決定」は英語の "decision"，または "decision making" に対応するまとまった1つの語として用い，本文中に説明があるとおり，ものごとを決める行為のことです．「意思」という語を単独では用いません．一方で，「意志」は，英語の "will" に対応する語で，これだけを単独で用いると，何かを行いたい，あるいは行いたくないという意向を意味します．このように，「意思決定」と「意志」とは区別して使用してください．

　日々の生産活動を計画しコントロールする活動を，「生産管理」といいます．ここで生産管理の例を取り上げるのは，多くの情報が効果的に使用され，コンピュータの使用が欠かせない最も典型的な例だからです．

　例えば，マツダの多目的スポーツカー CX-5 のエンジンを 1 基生産する際に管理しなければならない情報は，1 万項目にのぼるといわれます[5]．いつ，どの設備で生産したのかという単純な記録だけでなく，各工程での詳細な情報，例えば「どの工作機械のどの刃物で何秒削った」といった情報まで記録し，蓄積したデータを分析して最適な生産方法を割り出すのに役立てるのです．また，日本を代表する自動車メーカーであるトヨタにおいて，最もよく知られた「カローラ」のような大衆車で，2 万から 3 万点の部品が使われるといいます．同じカローラでも，エンジンの仕様，ボディの色，装備の内容，輸出される国に合わせた保安部品の装着などさまざま種類があり，種類によって必要な部品内容は変わってきますから，種類別の生産計画に合わせるように部品の在庫や発注を管理しなければなりません．

　1970 年代の高度経済成長期には，自動車のような工業製品は作れば作っただけ売れるといわれた時代がありました．自動車に求められる機能が単純で，種類も少なく，多くの人々がほしいと考える製品が共通していたため，限られた種類のものを大量に作るのが当時の製造業の通常の生産体制でした[6]．当時は日本の製造コストは海外の多くの先進国に比べ安かったので，現在に比べると，コストに関してそれほど厳しく考える必要がなかったのです．

　現在では，人々の求めるものが多様化しています．また，製造コストの優位差がなくなり，価格競争にさらされていますから，無駄なコストに対して非常に厳しくなっています．部品は十分な在庫を持っていれば，製造計画が変動しても部品が足りなくなることはありませんが，多くの在庫を保持しておくには保管のためのコストがかかります．

　日々の製造計画に細かく対応しながら，しかも部品が足りなくなって製造がストップしてしまうことのないようにするには，製品の品種別の部品点数の管理，納品時間を見越した少量ロット[7]での部品の発注，在庫量の正確な把握が

---

5)　2013 年 5 月 20 日付『日本経済新聞』朝刊 1 面，「ビッグデータ…変わる企業」より．
6)　このような生産体制を，「大量生産」と呼びます．それに対して，現在のように多くの種類の製品をそれぞれ少量ずつ生産する体制を「多品種少量生産」と呼びます．
7)　「ロット」とは英語の lot に由来し，もともと，商品の一山（ひとやま）を意味します．ここでは，生産や出荷の単位としての同一製品の集まりの意味で用いています．

必要になります．数万点の部品について，これらを人手で(つまり紙と鉛筆で)行うのはもはや不可能です．

　数万点の部品について，その在庫量を管理する際には，個々の部品について，さまざまな情報を保持しておく必要があります．部品を一意に決定するための部品番号，部品の形状や性能などの仕様，納品する業者の名前や連絡先，業者別の納品時間などがその代表です．これらをすべて保存しておき，必要なときにすぐに取り出して使えるようにするためには，ただ単純にこれらの情報をコンピュータの記憶保持装置(ストレージ)に放りこんでおけばいいというわけではありません．このような大量のデータを系統立てて取り扱うためのコンピュータシステムは，「データベースシステム」と呼ばれます．現在の経営では，データベースシステムの使用はごく当たり前になっています．本書では，第4章でデータベースシステムについて学びます．

　もう1つ，経営にコンピュータが欠かせない理由は，「情報ネットワーク」の重要性です．1990年代に普及が進んだインターネットは，今日，個人が情報を入手したり，企業間で情報をやりとりしたりするための必要不可欠な社会基盤となりました．多くの企業で，顧客との窓口や，顧客への情報提供，あるいはサービスの提供そのものを，インターネット上で利用可能な情報システムによって行っています．現在の企業活動を支える情報システムは，単独のコンピュータが仕事をするのではなく，複数のコンピュータがネットワークを介してつながり，しかも各家庭にあるコンピュータや「スマートフォン」と呼ばれる携帯型の端末がネットワークに接続されて顧客との窓口になっています．

　つまり，以前の電話がビジネスに欠かせないものであったのと同様に，インターネットを介したコンピュータの利用，併せて，ネットワークによる情報サービスの提供が，今日のビジネスと経営には欠かせなくなりました．このような状況では，インターネットを支える情報ネットワークの基礎や，その利用にかかわるある程度の知識を備えておく必要があります．本書では，第5章でインターネット技術の基礎を学びます．さらには，第6章，第7章において情報システムを設計・開発する方法と，設計・開発プロジェクトの管理方法であるプロジェクトマネジメントについて学びます．最終章の第8章では，社会システムをコンピュータ上でシミュレーションして，経営上の意思決定をより良いものにするための方法について学びます．

1.4　理論とは何だろう？

いうまでもないことですが，時代の変化は速く，特にコンピュータを取り巻く技術の進歩には目を見張るものがあります．このような状況では，仮にコンピュータに関連した個別の手法や技術（テクニック）を学んだとしても，そのほとんどが陳腐化して時代遅れのものになるのに，数年，長いものでも10数年といったところでしょう．

そこで「理論」という話になりますが，理論とは，個別の技術や手法によらない統一的な説明を与えてくれる「普遍的」かつ「体系的」な知識のことです．理論にもさまざまなものがあって，玉石混淆といえなくもないですが，優れた理論は，個別の対象に依存しないものの見方，認識の基本的な枠組み[8]を与えてくれます．これは，10数年程度で陳腐化するものではありません．

このように，理論とはものの見方，考え方の枠組みですから，新しい理論を体系的に学ぶということは，それまでのものの見方や考え方の呪縛から解放されることを意味します．そのためには，そこに深く身を沈めて，じっくりと時間をかけて自分の頭で考える必要があります．技やテクニックを学ぶことで直接身につくものではないのです．

1.5　情報を取り扱う理論とはどのようなものだろう？

本書では，「情報」，より正確には「情報システム」を取り扱うための理論を学んでいきます．

すでに述べたように，情報とは言語に代表される記号によって表現され，それを理解できる人間の間で意味が共有されるものです．伝統的な科学や工学は，主に物や自然現象の取り扱いを目的としていて，そこでは，対象を量的に正確に記述する能力が求められます．しかし，情報を特徴づける，記号，言

---

8)　このような認識の枠組みのことを，「パラダイム」といいます．この語はもともと，「科学哲学」と呼ばれる分野で，トーマス・クーンという人が用いたものです．私たちは，「科学的」というと，何か絶対的に正しいことを意味していて，科学を権威あるものと考えがちですが，なぜ，科学がこのような特徴，権威を持っているのか，あるいは人々がどうしてそのように考えるのか，科学と非科学の境界は何なのかを，原理原則から論ずるのが科学哲学です．クーンは，実は科学の持つこうした権威が，必ずしも絶対的なものではなく，社会的に作られた相対的なものであることを論じた科学哲学者として有名です．詳しく知りたい人は，例えば第1章の参考文献 [2] を参考にしてください．

語，意味といったものは，抽象的[9]な人工物です．こういった情報の取扱いには，伝統的な科学・工学が用いてきた方法，例えば微分・積分を主に使用する数学は向きません．情報やコンピュータシステムの取扱いに向いているのは，主に性質を取り扱うための論理的な言葉を基礎にした理論です．

　経営に携わろうとする人は，言葉を厳密に使って，さまざまな考え方の人々の意見をまとめたり，自分の企画の利点を説得したりすることを避けて通ることはできません．ですから，このような場合に必要な論理的な思考や，言葉の厳密な取扱いは，文系・理系を問わず，経営に携わる人はすべて身につけておかなければならない資質です．

　論理的な思考を突き詰めると，数学基礎論と呼ばれる数学分野と非常に密接な関わりのある「論理学」や「集合論」といった学問に行き当たります．論理学は言語の持つ論理性や形式性を追究する学問ですが，言語の持つこのような論理的な側面をさらに深く追究するのが，「分析哲学」と呼ばれる哲学です．実は，数学は基礎の部分で哲学と関係を持っています．哲学は，自然科学はもとより，人文科学や宗教とも深い関係を持つ学問です．日本で教育を受けた人には，物理学，化学などのいわゆる自然科学と，文学，哲学などのいわゆる人文科学を，それぞれ理系，文系と呼んで，異なる思考が必要な2つの領域として分けることを当たり前のように思っている人が多いのですが，実は，これら2つは根っこの部分でつながっています．

　本書では，情報システムを経営に生かそうとする初学者を対象としているので，数学的な記述はなるべく用いないで話を進めていきますが[10]，1つ強調しておきたいのは，経営に求められる思考は，従来の科学や工学が求めてきた，典型的な「理系」のものとは異なるという点です．微分・積分が苦手な人，あるいは理解できないと思って避けて通ってきた人も，異種の思考に挑戦するつもりで取り組んでみる価値が十分にあります．

---

9)　対象から，着目したい部分だけを抜き出し（「抽出」するといいます），それ以外を捨て去る（「捨象」するといいます）ことを，「抽象化」といいます．言語の大きな機能の1つは，この抽象化にあります．例えば，「犬」という言葉で私たちは，四つ足で「ワン」と鳴く動物をさし示しますが，「犬」という言葉でくくることで，うちで飼っているポチと隣のうちで飼われているラッシーとは形や色，大きさがまったく異なる動物であるにもかかわらず，それらの違いが捨て去られて，四つ足で「ワン」と鳴く動物であるという性質だけが抜き出されて1つにまとめられます．言葉には，このように異なるものを1つにまとめて切り出す抽象化の機能が備わっています．

10)　経営を学ぶうえで知っておくといいと思われる数学については，例えば第1章の参考文献［3］を見てください．

1.6　システムとは何だろう？

「システム」という言葉は，いろいろな場面で見かけますが，みなさんはこの言葉からどんなものを連想しますか？　次に3つの例をあげます．これらについて，おそらくみなさんは聞いたことがあるでしょう．

1)　全地球測位システム(GPS：Global Positioning System)
2)　金融システム
3)　オペレーティングシステム

いずれも「システム」という名前で呼ばれるからには，何らかの共通の特徴や性質を備えていると予想されます．これらに共通しているものは何でしょうか？

「システム」の定義にはいくつかのものがありますが，ここでは，最も広く認められているものを示します．システムとは，次の3つの性質を備えたもののことです．

まず1つ目は，「複数の要素からできている」ということです．「GPS」は，地上に向けて電波を発信する約30個の人工衛星と，電波を受信してその位置を表示する受信機から構成されますが，受信機はさらに，人工衛星からの電波を受信するためのアンテナや，受信した情報から位置を計算するためのプロセッサ(処理装置)，位置を表示するための表示装置などの多くの要素から構成されます．

「金融システム」はどうでしょう？　金融とは，お金(「資金」といいます)を使って取引や活動を行う人／企業／国など(「経済主体」といいます)の間で，資金の過不足が生じないように適切に配分するための仕組みのことです．その構成要素には，家計を構成する個人，事業法人である企業(いわゆる「会社」です)，銀行などの一般の金融機関，「銀行の銀行」である中央銀行(日本では「日本銀行」，通称「日銀」がそれです)などが含まれます．1つの通貨圏の家計を構成する個人は膨大な数ですから，このシステムは大変多くの要素を含みます．2023年現在の日本の人口は約1億2千万人ですので，家計の数はこれよりも少なくはなるものの，多数の要素を含むことになります．

「オペレーティングシステム(OS)」とは，コンピュータを動作させるための基本ソフトウェアのことです．その代表は，マイクロソフト社が開発したWindows OS，アップル社が開発したMacOS，最近のスマートフォンに多く

使用されている iOS や Android（アンドロイド）などです．OS は，ハードウェアとしてのコンピュータと，利用者である人間との間を仲介して，さまざまな仕事をするためのいくつかの管理ソフトウェアから構成されています．例えば，タッチパッドやキーボード，ディスプレイなどの入出力装置をコントロールする「入出力管理ソフトウェア」，コンピュータに蓄えられる情報を「ファイル」という単位で管理するための「ファイル管理ソフトウェア」，複数の仕事を順序よくコンピュータに処理させるための「タスク管理ソフトウェア」などがあります．

　このように，通常，システムと呼ばれるものは，複数の要素から構成されます．その要素の数は，少なくとも 3 個以上，多い場合には，私たちの社会が多くの人から構成されるように，数億といった場合も考えられます．

　「複数」という言葉は「単数」の反意語ですから，厳密には 2 つ以上のものをさしますが，このすぐ後で見るように，私たちが対象をシステムとして捉えることに意味があるのは，ある程度の複雑さをともなったものなので，2 つの要素から構成されるような単純なものを「システム」と呼ぶことはあまりありません．

　システムが備えている性質の第 2 番目は，「要素間に関係がある」ということです．先ほど説明したように，システムは複数の要素から構成されますが，これら複数の要素が独立していて，互いに何の関係も持たないと考えられる場合，私たちはこれを「システム」という名前では呼びません．例えば，テーブルの上に，フォーク，コーヒーカップ，りんごが置かれているとします．これら 3 つのものを，同じテーブルの上に置かれているという理由で 1 つのまとまりとして捉えることは可能ですが，これを私たちは通常は「システム」とは呼びません．理由は，これら 3 つのものの間に，通常は関係を見出すことをしないからです[11]．

　一方で，先にあげた 3 つの例はどうでしょう？　GPS は多くの要素から構成されていますが，例えば，上空を飛んでいる人工衛星は，地上の受信機に向けて電波に載せて情報を運びます．よって，人工衛星と受信機とは，情報の発

---

11) これらの 3 つのものの間に関係を見出して，システムと捉えることは可能です．例えば，万有引力の法則によれば，フォークとコーヒーカップの間には引力により引き合うという関係があります．このように，「システム」として見るかどうかは，観察者の視点，見方によって変わるのであって，最初から「システム」は観察者の視点とは独立にそこにあるわけではないのです．

信者・受信者という関係を持っています．また，受信機を構成する部品は，互いに独立に動作するわけではありません．例えば，アンテナは人工衛星からの電波を受信して，それを電子回路に信号として送ります．ここでも，信号の送り手・受け手という関係が成立しています．プロセッサと表示装置についても同じことが言えます．金融システムやオペレーティングシステムについてはどうでしょう？　練習問題にしますので，みなさん考えてみてください（章末の練習問題1-1）．

　システムが備えている性質の第3番目は，「全体として何らかの秩序性を持っている」ということです．上記の2つの性質を備えたもの，すなわち複数の要素が互いに関係し合っているものは，世の中にたくさんあります．その中には，非常に多くの要素が無作為に関係し合っていて，乱雑に振る舞うものがあります．

　例えば，容器に閉じ込めた空気を想像してみてください．容器の中には，非常に多くの気体の分子が含まれています．これらの気体の分子は，容器内を高速で移動しながら衝突し互いに力を及ぼし合うことで，分子と分子の間に関係性が生まれます．

　しかし，容器の中にはあまりにも多くの分子があります[12]．加えて，分子は非常に小さいため，分子同士が衝突したときにどのように振る舞うかを正確に把握することは困難です．例えば，容器に分子が通れる程度の非常に小さな穴を開けたとき，時間の経過とともに分子が何個容器の外に出てくるかを正確に予測することは，事実上不可能です．

　したがって，容器内の気体の振舞いを捉えるには，要素である分子の振舞いは無作為なものとして扱い，気体全体を確率的，統計的に扱うことになります[13]．

　このように，非常に多くの要素が「無作為」に振る舞って互いに影響を及ぼし合うものを，私たちは通常「システム」とは呼びません．

　前述の3つの例では，どのような秩序性が見られるでしょう？　GPSでは，要素同士がいくつかの関係を持って動きますが，例えば，人工衛星から送られてくる電波は，受信機で必要な情報が取り出せるように，あらかじめ決められ

---

[12]　例えば，標準状態（温度摂氏25度，気圧1バール（＝1000ヘクトパスカル，約1気圧））で，24.8 Lの気体に含まれる分子数は1 mol（6.02×10^{23}，アボガドロ数）にもなります．ちなみに，国際連合の『世界人口白書』によれば，2022年に世界人口が80億人に到達したと推定されていますが，80億という数字はたかだか8.0×10^9です．
[13]　気体全体を，確率的，統計的に取り扱う学問は「熱力学」と呼ばれます．

た約束に従った形式で送られてきます[14]．無作為にでたらめな電波が送られて
くるわけではありません．また，電波を受信したアンテナは，電波を電気信号
に変換して，電子回路に伝えますが，その関係の仕方は，電気磁気学で学ぶこ
とができる「物理法則」に従って行われ，決して無秩序，無作為というわけで
はありません．コンピュータと表示装置の間の関係についても同様です．

　これまで説明してきたように，複数の要素が集まって互いに関係し合い，全
体として何らかの秩序性を持つ場合にシステムと呼びますが，この場合，シス
テムは全体として何らかの目的や機能を持つことが多くあります．例えば，
GPS では，「受信端末の位置を求める」という目的・機能を持っています．シ
ステムでは要素同士が互いに関係し合うことで，個々の要素にはなかった性質
や特徴が全体として現れてくることが普通です．システムが全体として何らか
の秩序性を持つことで，個々の要素にはなかった性質や特徴が我々に把握可能
なものとして現れてくると理解することもできます．それらを，我々は「目
的」や「機能」として捉える場合が多いのです．

　他の2つの例についても，どのような秩序性があるか，その結果，システム
がどのような目的や機能を持っているか，考えてみてください（章末の練習問
題 1-2）．

1.7　経営情報システムとは何だろう？

　これまで，「経営」，「情報」，「システム」という言葉について見てきました．
これで，「経営情報システム」とは何であるかを説明する準備が整いました．
経営情報システムとは，「経営」に必要な「情報」を活用し，「情報」を有効に
使って「経営」を効果的に行うための「システム」のことです．「システム」
とは，1.6 節で述べたとおり，複数の要素が関連し，しかも何らかの秩序性を
持ったもののことでした．生産管理の例で見たように，経営に必要な大量の情

---

14)　通信における送受信者間での取り決めを，プロトコル（protocol，「規約」と訳されます）
　　といいます．本書では，後でインターネットについて学びますが，インターネットの理
　　解のための大きな柱は，TCP/IP と呼ばれる標準的なプロトコルを学ぶことです．プロ
　　トコルは，このような技術的なシステムに限らず，私たちの日常のコミュニケーション
　　にも存在します．例えば，2人の人の間で会話するためには，お互いが理解可能な言語
　　を用いて，その言語の規則に従った文を発言しないと，コミュニケーションは成立しま
　　せん．また，一方が質問をしたら，他方はそれに対して回答するといった会話の流れを
　　無視すると，コミュニケーションは難しくなります．これらのことは，私たちが普段当
　　たり前だと思っているので，規約があることに気づかないだけです．

報を効果的に活用するためには，いくつかの構成要素が互いに関連し合って，「経営を効果的に行う」という機能を持って動作するようなもの，つまり「システム」が必要になります．このように，情報を何らかの目的のために活用する機能を持ったシステムを「情報システム」といい，特に，「経営」活動を支援する「情報システム」を「経営情報システム」と呼びます．以降では，経営活動を支援するという目的をもっていることが明らかな場合には，単に「情報システム」という呼称で「経営情報システム」をさすこともあります．

　「経営情報システム」を構成する要素は，単にコンピュータや，コンピュータ同士がネットワークでつながった通信ネットワークに限りません．コンピュータを構成する要素の1つであるオペレーティングシステム(OS)というソフトウェアも1つのシステムですし，コンピュータは他にもハードウェアなどを含んださらに大きなシステムです．しかし，経営に情報を有効に活用するためには，コンピュータとそのネットワークだけでは十分ではありません．

　多くの企業活動は，複数の人間の集まりによって行われますが，経営目標を達成したり緊急の場合に適切に対応したりするためには，意思決定の仕組みや権限はどうなっているのか，誰が誰に対して命令をするのかといった，意思決定，指揮命令の決まりが必要です．コンピュータシステムや通信ネットワークは，それを効果的に高速かつ確実に行うために必要ですが，それだけでは企業はうまく動きません．経営情報システムという言葉は，狭い意味では，経営活動を支援するためのコンピュータシステムや通信ネットワークをさす場合もありますが，本書では，企業や政府のような複数の人間が集まってある目的のために活動する場[15] において，情報伝達の当事者である人間や，意思決定，命令系統も含めた広い意味で用います．

1.8　なぜ経営情報システムについて学ぶ必要があるのだろう？

　前節で述べたように，「経営情報システム」は，コンピュータや通信ネットワークだけではなく，情報伝達の当事者である人間や，組織における意思決

---

15) 企業や政府のように，何らかの目的のために複数の人間から構成される集まりのことを，「組織」と呼びます．組織は，それを構成する人間が，互いに命令や情報伝達といった関係で結ばれ，指揮命令の仕組みに代表される秩序性を有する「システム」です．

定，命令系統をも含めたものです．したがって，「経営情報システム」について知るためには，コンピュータや通信ネットワークの技術的な側面だけにとどまらず，組織に関する理論，意思決定の理論までも含めた広い分野を学ぶ必要があります．

つまり，「経営情報システム」を学ぶということは，何か個別な技術だけを学ぶのではなく，「経営」，「情報」，「システム」といった概念を柱に，私たちの社会や組織のありよう，それらの経営について広く総合的に学ぶことを意味します．上述のとおり，経営とは「ヒト」，「モノ」，「カネ」，「情報」といった多くの資源を扱うのですから，それをうまく行うには，多くのことを学ぶ必要があります．

1.9　モデルとは何だろう？

経営情報システム，あるいはより広くシステムを取り扱う理論にはさまざまなスタイルがありますが，本書では「モデル」を用いたいくつかの理論を使って話を進めていきます．ここでいう「モデル」とは，対象から着目したい部分だけを抜きだし，それ以外を捨て去る，つまり「抽象化」を行ったうえで（p.10 脚注9)参照)，それを何らかの方法で表現したものです．

経営で扱われる状況や問題は複雑なことが多く，どこから手をつけていいのか判断に困る場合は少なくありません．そういった場合に，対象から大事な部分だけを抜き出して，そうではない部分を切り捨てるという作業が必要となります．これが「抽象化」です．抽象化した状況や問題は，頭の中に描いているだけでは，他の人と共有することが難しいですし，より厳密な分析を行うのに向きません．そこで，これを何らかの方法で表現する必要があります．

これまでに述べたように，経営情報システムは「システム」です．その議論において用いられるモデルは，システムを表現したものですので，「システムモデル」と呼ぶことがあります．経営情報システムの議論で用いられるシステムモデルにはいくつかのものがあります．システムの表現に用いられるのは，広い意味での「言語」ですが，主に次の3つの言語を用いて表現されます．

1) 数理的言語
2) 自然言語
3) 図式的言語

　数理的言語とは，手っ取り早くいえば「数学」です．数学を用いる利点は，その厳密性にあります．数学の言葉で表現されたものは，それを理解できる人の間では曖昧さのない共通の解釈が保証されます．A さんと B さんでその意味が異なるといったことが通常は起こりません．

　一方で，数学の欠点は，習得に手間と時間がかかることです．標準的な理工系の大学教育で習得が求められる数学を十分なレベルまで身につけるには，かなりの時間がかかります．標準的な理工系では，量の正確な（「定量的」といいます）取扱いが非常に重要なので，それらを扱う数学では「計算」が重視されます．計算が苦手なため，道半ばにして数学を諦める人が大勢いることは事実です．ただし，すでに述べたように，経営情報システムのシステムモデルで用いられる数学は，従来の伝統的な理工学分野で用いられてきた数学とは異なります．1.5 節で述べたとおり，伝統的な理工系で求められる数学の筆頭である微分・積分は，記号，言語，意味のような抽象的な人工物を対象とする情報の取扱いには向きません．情報の取扱いに必要な数学的思考は，論理性，言語の厳密な意味や使用などが鍵となります．

　加えて，数学という言語の持つ欠点は，柔軟性に欠けるところです．数学は厳密であるがゆえに，表現できるものに限りがあります．例えば，人の心を数学の言葉で表現することは不可能ではないかもしれませんが，難しいでしょう．実は，心理的な側面は経営においても無視できないものです．製品を生産して販売する場合には，その成功には消費者の行動が重要な要因となりますが，消費者の行動にはその心理が大きく影響します．

　自然言語は，私たちが通常の会話などで用いる言葉のことです．言語にはさまざまなものがありますが，コンピュータ言語のように人間が人工的に作った言語を「人工言語」と呼ぶのに対して，私たちが日常の会話に使用する言語のことを，人工的に作られたものではなく自然に生まれたものであるという意味を込めて「自然言語」と呼びます．例えば，日本語は自然言語です．

　自然言語の特徴は，その柔軟性です．数学の言葉で表現が難しいものも，その多くは自然言語を使って扱うことができます．もし自然言語，例えば日本語を使って表現できないものがあるとすれば，それはおそらく経営上の問題としては，論理的な分析対象とはならないものです．例えば，芸術作品の美しさや価値を言葉で説明するのは難しいことが多いですが，「美しさ」は製品のデザインなどに欠かすことのできないものです．経営におけるこの種の側面は，究

極的にはデザイナーの感性など，言語による分析以外の方法に頼らざるを得ません．とはいえ，自然言語は多くのものを表現し取り扱うことができます．

　しかし，自然言語は必ずしも厳密な表現ができない場合があります．これは，なるべく曖昧さがないように細心の注意をもって表現されているはずの法律の解釈などでも起こることです[16]．自然言語が持つ曖昧性は，情報システムの開発において，ユーザ(情報システムの利用者)の要求を正確に捉えようとするときなどに問題となります．情報システムを開発する際には，システムのユーザがシステムにどのような機能や性能を求めているのかを明確にしなければなりません．しかし，自然言語でこれらを表現した場合，その解釈がユーザと開発者との間で必ずしも一致しないということがあります．さらに困るのは，情報システムの開発を始めようとするとき，ユーザが何を求めているのかをユーザ自身が十分に把握できていない状況がよく起こることです．この場合，その表現はどうしても曖昧になります．

　図式的言語は，図形や絵を用いて表現するものです．図式的言語の利点は，その直感性，わかりやすさにあります．アイデアや企画を，短い時間でわかりやすく伝えるために，図や絵が用いられることはよくあります．図式的言語の欠点も，やはりその曖昧性です．図では必ずしも厳密に情報を伝えることができない場合があります．ただし，一部のモデルにおいては，数理的言語とまったく同等な表現が可能な図式的言語を持つものもあって，情報システムの表現にしばしば用いられます[17]．

1.10　複雑な対象を理解するにはどうすればいいのだろう？(システムの階層性)

　経営でのコンピュータの必要性を説明する際に，現在の大衆車には3万点の部品が使われるという例をあげましたが，これらの部品から自動車を組み立てる際に，私たちは3万ピースのジグソーパズルを組み立てるように，3万点の

---

16) 法律の解釈を専門に探求する学問は，「法解釈学」といいます．1つの学問分野として成立することは，法律の解釈が必ずしも一筋縄ではいかない難しい問題であることを示しているといえるでしょう．

17) 数理的言語と同等な表現が可能な図式的言語の例としては，「オートマトン」という，状態が遷移しながら動作する仮想的な機械の表現に用いられる「状態遷移図」があります．状態遷移図は，統一モデリング言語(UML：Unified Modeling Language)と呼ばれるソフトウェアの記述言語でも用いられます．

部品を1つずつ取り付けていくといった方法は用いません．エンジン，電装系統，ボディなど，いくつかのまとまりに分けられた「ユニット」をあらかじめ作り，ユニット単位で正しく動作することを確認したうえで，それらを最終的に1つの自動車に組み上げるという方法を用います．なぜこのような方法を用いるのでしょう．

エンジンは自動車というシステムを構成する要素の1つですが，エンジン自体もたくさんの部品が集まってできているシステムです．電装系統，ボディなども同様です（ボディもいくつかの加工された板金が組み合わさってできています）．つまり，自動車という1つのシステムは，さらにいくつかのシステムが組み合わさってできています．

このように，多くの要素からなる複雑な対象を，システムとして秩序立てて取り扱う際には，システムを構成する要素自体をやはりシステムとして捉えることができる場合が多くあります．全体のシステムを構成する要素としてのシステムを，サブシステム（部分システム）と呼びます．例えばエンジンは，自車システムのサブシステムです．このとき，下位のサブシステムが集まって，より上位のシステムを構成していると考え，これをシステムの階層性ということがあります．

複雑な対象を理解する際に，このように対象を階層的なシステムとして捉えるというのはよく用いられる方法です．以降の章でも，複雑な対象をこのような階層的なシステムとしてモデル化するという状況が何度か出てきます．

練習問題

1-1 　金融システム，オペレーティングシステムのそれぞれの場合において，要素間にどのような関係があるかを述べよ．

1-2 　金融システム，オペレーティングシステムのそれぞれの場合において，システム全体が持っている機能，目的が何かを述べよ．

1-3 　身の周りから「システム」として捉えることができるものの例をあげよ．それについて，次の問いに答えよ．

　1） 　そのシステムを構成する要素は何か？

2)　それらの要素間に存在する関係はどのようなものか？

3)　そのシステムが全体として持っている機能(または目的)は何か？

第 1 章の参考文献

[1]　トヨタ自動車：「基本理念」,
　　　https://global.toyota/jp/company/vision-and-philosophy/guiding-principles/
　　　(2024 年 2 月アクセス)

[2]　トーマス・クーン著, 中山茂 訳：『科学革命の構造』, みすず書房, 1971 年.

[3]　高原康彦, 木嶋恭一 編：『経営・情報のための数学入門』, 日刊工業新聞社,
　　　1991 年.

第 2 章

意思決定

　第1章で述べたとおり，効果的な意思決定は経営を成功に導くうえで欠かせません．経営者にとって最も大切な仕事は，大事な場面で重要なことが決められるかどうか，つまり意思決定にあるといっても過言ではありません．

　では，効果的な「意思決定」を行うにはどうすればいいのでしょう？　そのためには，まず「意思決定」とはそもそも何なのか，どういう活動なのかを明確にする必要があります．

2.1　意思決定とは何だろう？

　「意思決定」とは何かについては諸説ありますが，意思決定を体系的に論じた人の代表は，サイモン[1]です．彼は，意思決定の過程を次のように捉えました．以下はサイモンによる意思決定過程を松田[2]らがさらに発展させたものです．

1) 情報収集
2) 代替案の作成
3) 代替案の選択
4) フィードバック

　意思決定を行うには，まず直面している意思決定状況を把握することが必要です．最初の「情報収集」の過程では，そのための作業を行います．例えば，旅行の企画を行う際に，旅行の目的地を決めるためには，旅行の目的は何か，どれだけの予算を使えるのか，日程としてどれだけの期間が旅行に使えるの

---

1) Herbert A. Simon(1916-2001)．米国生まれ．主にカーネギー・メロン大学(米国ペンシルバニア州)にて教える．経営学，経済学，システム科学，人工知能論，認知心理学，社会学など多方面で活躍．1978年にノーベル経済学賞を受賞している．
2) 松田武彦(まつだたけひこ，1921-1999)．カーネギー工科大学(現在のカーネギー・メロン大学)で上述のサイモンに学ぶ．主に東京工業大学(現在の東京科学大学)にて教える．日本における経営工学の発展に貢献した．1981年より1985年まで，東京工業大学学長を務めた．

か，といった問題を取り巻く状況を把握する必要があります．

　次の過程は，代替案の作成です．ここでの「代替案」とは，選択可能な選択肢のことです．旅行の目的地を決める際には，目的地の候補となる都市や地域をリストアップするのがこの作業にあたります．

　次に行うのは，前の過程でリストアップした代替案それぞれについて，実現可能かどうか，必要な経費はどれくらいか，旅行の目的を十分に満足する目的地かどうかといった評価や検討が加えられ，そのうえで，望ましいものを選択します．

　最後のフィードバックとは，選択した代替案を実行したうえで，その結果を評価し，次の意思決定に役立てることです．旅行の企画は1回限りの意思決定かも知れませんが，事業における経営では多くの場合，同じ問題の意思決定を何度も繰り返して行います．したがって，意思決定の結果が望ましいかどうかを評価して，次の意思決定をより効果的なよいものに変えていくために，代替案を再検討したり，新たな代替案を考えたりするための作業を行います．

　論者によっては，これら4つの過程をより細かく分けて解釈する場合もあります．例えば，3つめの「代替案の選択」では，代替案を分析して，望ましいものを選択するという説明をしましたが，「分析」と「選択」を別な過程として分けて捉える人もいます．

　サイモンが考えるこの意思決定の過程は，意思決定という活動をどういう手順で進めればいいのかを示してくれます．しかし，これだけでは効果的な意思決定には十分とは言えません．例えば，現実の問題状況で代替案の中から望ましいものをどのようにして選べばよいのかについて，サイモンの意思決定過程には具体的には示されていません．

　そこで，効果的な意思決定をさらに追究するためには，意思決定状況を表現するための「モデル」が必要になります．「モデル」とは何かについては第1章で述べたとおりですが，再度確認しておくと，対象から着目したい部分だけを抜きだし，それ以外を捨て去る．つまり「抽象化」を行ったうえで，それを何らかの方法で表現したものです．この場合の「対象」とは，意思決定を行う人間や企業組織（意思決定者）も含めた意思決定状況をさします．一般の意思決定状況において，着目すべき重要な部分のみを抜き出して，他は捨て去って適切な方法で表現することで，意思決定とは何なのかについて，私たちは理解を共有して，さらに深い分析が可能になります．

　意思決定は経営における要（かなめ）ですから，経営情報システムの中心的な分析対象です．したがって，意思決定を取り扱う代表的なシステムモデルが存在します．次はこの意思決定のシステムモデルについて見ていきます．第1章で述べたとおり，システムを表現する言語にはいくつかの候補があります．システムについて厳密な議論をするためには，システムを正確に厳密に表現する必要があります．そのために，システムを表現する言語として数理的な言語が使われることがよくありますが，ここでは，図式的言語と自然言語を用いながら説明を進めていきましょう．

2.2　意思決定のモデルとはどのようなものだろう？

　意思決定のモデルを考えるために，ここでは1つの例をあげます．前章では，経営が行われる例として，旅行企画の立案を考えましたが，そこではさまざまな意思決定が必要であることを見ました．このように，経営においては複数の意思決定を逐次的に行うことは珍しくありませんが，ここでは，もう少し状況を限定して，1つの意思決定を行う状況を考えます．次のような架空の状況を想定しましょう．

　あなたは，携帯電話の小売店を経営しています．店では，メーカーから携帯電話の端末を仕入れて，店頭で販売します．メーカーからの仕入れは，100台単位の一括発注で，売れ残った端末は返品がききませんが，仕入れた端末を全部売りきるとメーカーから仕入れ値の5%の報奨金がもらえます．

　翌月，あるメーカーから新型の端末が発売になるため，何台の端末を仕入れるか決めなければなりません．仕入れ値は1台2万円，これを価格2万5千円で売ります．端末の売れ行きは，人気によって左右されます．これまでの経験から，人気が低迷しても50台は確実に売れることがわかっています．この新製品の端末に人気が出た場合，中程度の人気だと100台，高い人気だと200台売れる可能性があります．本来，何台売れるかは人気の程度によって，連続的に変化するものですが，人気というのは不確実なので，大きく「低／中／高」の3段階に切り分けて考えるものとします．

　発注単位は100台なので，100台仕入れるべきか，200台仕入れるべきかの選択を迫られています．売れ行きの予想次第では，1台も仕入れないという選択肢もあり得ますが，新製品を店頭においていないというのは，今後の店の人

気に悪い影響を与えるので，今回は選択肢としては考えません．なるべく多く
の利潤を出すという目的で意思決定を行う場合，どうしたらいいでしょうか？
個人商店なので，人件費や，宣伝費，店舗のテナント料金などの経費は無視で
きるものとします．

　まず私たちがやるべきことは，問題状況を整理して，論理的な分析が可能な
形にすることです．多くの場合，将来の正確な予想はできませんから，失敗す
ることはあり得ます．しかし，失敗した場合でも，どのような理由で意思決定
をして失敗に至ったのかを，利害関係者に説明できなければなりません．失敗
から学ぶためにも，意思決定の手続きを確認しておかなければ，同じ過ちを繰
り返す可能性があります．

　では，上記のシナリオを整理してみましょう．まず，この状況にはさまざま
な値が出てきますが，それらの中には，この状況に固有で変化しないものと，
変化するものがあります．例えば，仕入れ値の 2 万円は，メーカーとの契約事
項としてすでに決まっているので，この値は変わりません．一方で，新製品で
ある端末の人気がどうなるかは，低／中／高の 3 つの値を取る可能性がありま
す．仕入れた携帯電話が何台売れるのかという売上数量も，製品の人気によっ
て 50 台，100 台，200 台といういくつかの可能性が考えられ，固定した値では
ありません．販売の結果決まる利潤も同じです．前者のように，問題に固有で
変化しない値のことを**定数**と呼び，一方で，後者のように変化する値のことを
変数と呼びます[3]．

　この問題に現れる値を，定数と変数に分類すると，表 2.1 のようになります．
表にある 4 つの変数は，さらに次のように分類できます．まず，発注数量と人
気が決まると，販売数量が決まります．表 2.2 にそれを示します．表は，発注
数量と人気が決まったときに，販売数量がいくらになるかを示しています．例
えば，発注数量が 100 台で人気が中くらいの場合は，100 台全部売れますが，

表 2.1　変数の分類

定数	（製品の）仕入れ価格，販売価格，報奨金の支払率
変数	（製品の）人気，発注数量，販売数量，利潤

---

3)　ここでの「定数」や「変数」という語には「数」という文字が使われますが，これらの
　　とる値は，必ずしも数値とは限りません．例えば，人気の程度を表す変数は，低／中／
　　高の 3 つの値をとりますが，これらは数値ではなく性質を表すものです．

人気が低いときには 50 台しか売れず，あと半分の 50 台が売れ残ります．人気が高いときには 200 台売れるはずですが，100 台しか仕入れていませんから仕入れた分の 100 台しか売れません．表は，発注数量が 200 台の場合には，人気が高いときに 200 台売れることを示しています．

　このことからわかるのは，発注数量と人気が決まれば，販売数量が決まるということです．つまり，発注数量と人気を与えると，販売数量が得られます．このような状況では，私たちは，商店における販売活動を，発注数量と人気の 2 つの**入力**を，販売数量という**出力**に変換する過程と捉えることができます．ここでの販売活動のように，入力から出力への変換を行うものとして捉えられる対象を，**プロセス**と呼びます．表 2.2 は，このプロセスの振舞いを表現しています．対象を入力から出力への変換過程（プロセス）として捉えるのは，対象に対する 1 つの見方の現れです．その際，私たちは図 2.1 にあるような枠組みを通して対象を捉えます．つまり，図 2.1 に示されているのは，対象を捉える際の 1 つの枠組みを示してくれる，システムモデルです．図 2.1 に示されたシステムモデルを，私たちは**入出力システムモデル**と呼びます．

　この例では，入力が決まれば，つまり発注数量と人気が決まれば販売数量が一意に決まりますが，必ずしもそうではない場合もあります．例えば，人気以外に販売数量を左右する隠れた要因があると考えられる場合，必ずしも発注数量と人気だけでは販売数量が決まらないかもしれません．しかし，発注数量と人気が販売数量を決める原因となり，その結果として販売数量が（一意でないかも知れないが）決まるという原因と結果の関係は自然なものと考えていいでしょう．このように，意思決定に関係するさまざまな変数を，原因と結果に分

表 2.2　発注数量と人気から販売数量が決まる

発注数量＼人気	低	中	高
100	50	100	100
200	50	100	200

図 2.1　入出力システムモデル

けて，それぞれ入力と出力に分類するのは，問題を整理して捉える第一歩となります．

　さらに，2つの入力(発注数量，人気)には大きな違いがあります．意思決定者に与えられた課題は，これらのうち，変数の一部である「発注数量」の値を決めることです．一方で，「人気」は発売後の携帯電話の評判などによって変動するため，一商店主である意思決定者には決められない値です．つまり，発注数量は意思決定者によって操作可能な入力変数なのに対して，人気は意思決定者には操作できない入力変数です．私たちは，意思決定者に操作可能な変数を**操作変数**と呼び，そうでない，つまり操作できない変数を**外乱**と呼びます(図 2.2)．

　意思決定者は，この状況で操作変数を決めますが，その際には，可能な場合には外乱を予想し，入力である外乱とプロセスの出力との関連を確かめながら，意思決定を行います．今回のシナリオでは，意思決定者は利潤をなるべく大きくするような意思決定を行いますが，利潤は操作変数である発注数量とプロセスの出力である販売数量から計算できます．例えば，100 台発注して人気が中程度の場合，表 2.2 から販売数量は 100 台ですから，この場合の利潤は，次のようにして計算できます．100 台完売するので，報奨金が収入として得られる点に注意してください．

$$
\begin{aligned}
(利潤) &= (収入) - (支出) \\
&= ((売上) + (報奨金)) - (仕入れ値) \\
&= 25{,}000 \times 100 + 20{,}000 \times 100 \times 0.05 - 20{,}000 \times 100 \\
&= (25{,}000 + 1{,}000 - 20{,}000) \times 100 \\
&= 6{,}000 \times 100 \\
&= 600{,}000
\end{aligned}
$$

　同様にして，すべての外乱と操作変数の組合せについて利潤を計算したものを，表 2.3 のようにまとめることができます(各自確かめてください)．この表 2.3 のように，意思決定者にとっての結果の望ましさ(この場合は利潤)を，可

図 2.2　入力を操作変数と外乱に分ける

表 2.3 利得行列

(単位 千円)

発注数量 ＼ 人気	低	中	高
100	− 750	600	600
200	− 2750	− 1500	1200

能な入力の組合せについて表の形にまとめたものを**利得行列**といいます．「利得」というのは望ましさを数値化したもの，「行列」はこの表にあるように数値を長方形の形に並べたものです．

この利得行列が表しているものは，表2.2に示された，入力を出力に変換する販売活動とは別に，変数の組合せが意思決定者にとってどれだけ望ましいかを示しています．このように，意思決定者にとっての望ましさを，プロセスの入出力の組合せに対して対応付けて示したものを，目的関数と呼びます．関数とは，与えられる変数に対して，別の変数の値を一意に対応付ける対応の決まりのことです．与えられる変数は必ずしも1つとは限りません．この場合は，発注数量と人気という2つの変数の組合せに対して，利潤を対応付けています．この関数が，意思決定者が意思決定を行う際の目的を表現していることから，**目的関数**と呼ばれます．意思決定者である商店主は，この目的関数の値をなるべく大きくするような意思決定をめざすと考えます．

この例のように，目的関数に与えられる変数が2つの場合には，表の形に表現でき，それを利得行列と呼びました．しかし，目的関数に与えられる変数は必ずしも2つとは限りません．3つ4つと変数の数が増えると，もはや表の形で表現するのは難しくなります．また，この例では，目的関数に与えられる変数は，図2.1 (p.25) における入力の発注数量と人気の2つだけですが，入力に対して出力が一意に決まらない場合には，目的関数の値も入力だけでは決まらなくなります．その場合は，目的関数に与えられる変数としては出力も合わせて考える必要が出てきます．つまり，プロセスに関わるすべての変数の組合せに対して，意思決定者の望ましさを考えなければなりません．このことから，意思決定を一般的に捉える図を，図2.3のように表すことができます．

図2.3には2つの箱が描かれていますが，下にある箱は図2.1にあるプロセスと同じものです．上にある箱は，意思決定者を表します．意思決定者から下に延びる矢印は，意思決定者がプロセスに与える操作変数を決定できるという

図 2.3　目標追求システムモデル

ことを表しています．また，意思決定者はプロセスの入出力から目的関数の値，つまり結果の望ましさを決定することから，意思決定者の箱には，プロセスの外乱，出力からの矢印が延びています．意思決定者にとっての望ましさを表す目的関数が与えられて，私たちは意思決定を論理的に分析できる用意が整いました．

　この図 2.3 に表現されたのは，意思決定をどのように捉えるかを表すものですが，意思決定状況という複雑な対象から注目すべきものだけを抜き出し，他を捨て去って，図の形に表現したものです．このように，対象を抽象化し表現したものを，「モデル」と呼びました[4]．図が表現するのは意思決定のモデルです．特に，この図に表現されたものは，目的関数によって表現される目標を求めて意思決定者が決定を行うシステムを表現しているという意味で，**目標追求システムモデル**と呼ばれます．以降では，この目標追求システムモデルにもとづいて，意思決定をどのように行うべきかを見ていきます．

2.3　論理的な意思決定とは何だろう？

　表 2.3 が与えられたとして，みなさんが商店主だったら，どのような意思決定を行いますか？　この場合は，発注数量を 100 台にするか 200 台にするかの 2 つの選択肢からどちらかを選ぶのが課題でした．みなさんなら，どちらを選びますか？　最も利潤を大きくするには，高い人気が出るときに 200 台発注すればいいわけですが，人気が高くなるかどうかは発注時点ではわかりません．200 台仕入れて人気が低迷した場合には，275 万円もの損失を被ります．人気が中程度の場合でも，200 台仕入れると損失が出ます．人気がどうなるかで，

---

4)　第 1 章 1.9 節を参照してください．

どちらを選べば利潤を大きくできるかは変わってきます．つまり，人気がどうなるかわからない状況で意思決定を行わなければならないので，どちらが正解かを利得行列だけから判断することはできません．このように，意思決定が難しいのは，一般に外乱が不確実性をともなうからです．外乱の不確実さに起因して結果も不確実でわかりませんので，この意思決定においては唯一の正解というのはありません．とはいえ，経営者の勘や気分で意思決定をするのでは，他の利害関係者を説得したり，意思決定の結果を次回の意思決定に生かしたりすることは難しいでしょう．利害関係者を説得したり，結果を次に生かしたりするためには論理的な思考が不可欠です．この状況で，どのように不確実性を「論理的」に取り扱えばいいでしょうか？

　意思決定理論では，不確実性について意思決定者がどの程度の情報を手にしているかにもとづいて，意思決定状況を大きく次の3つの場合に分類します．

1)　確実下の意思決定
2)　リスク下の意思決定
3)　不確実下の意思決定

　1つめの「確実下の意思決定」とは，外乱について何が起こるかが確実にわかっている状況，あるいは確実に何が起こるかがわかっているという前提で意思決定が可能な状況です．例えば，上述の携帯電話の販売店の例では，確実に人気が高くなるという前提で意思決定を行う状況をさします．

　2つめの「リスク下の意思決定」では，起こり得る外乱のそれぞれについて，どの程度の確からしさで起こるのか，つまり確率がわかっているという前提で意思決定が可能な状況です．例えば，新しい携帯電話の人気の低／中／高のそれぞれが20％，50％，30％の確率で起こるという前提が可能な状況です．一般に消費者の行動の把握は簡単ではありませんが，事前に消費者の嗜好や要望を調査し，価格設定や販売促進計画に役立てるといったことはよく行われます．こういった調査を通じて，どの程度の人気が出るかはある程度予測可能な場合もあります．

　3つめの「不確実下の意思決定」では，外乱の不確実性について何の情報も得られていない状況をさします．例えば，発売予定の携帯電話がまったく新しい機能やデザインを持つ場合，その人気を予想するのは簡単ではありません．まったく注目されていなかった製品にもかかわらず，ちょっとしたきっかけで人気に火がつくということがときどき起こります．

　確実下の意思決定では，不確実性がないという前提で意思決定を行いますので，利得行列が得られているならば，確実に起こる外乱のもとで利得を最大にする代替案を選べばいいということになります．つまり，利得をなるべく大きくしたいという目的で意思決定を行う以上，何が望ましい意思決定なのかがはっきりしています．

　一方，リスク下や不確実下の意思決定では，外乱についての不確実さがともないますので，何が望ましい意思決定なのかは一概に決められません．詳しくは追って見ていきますが，起こり得るチャンスや最悪の状況をどのように考えるか，あるいはリスク（確率）がどのようになっているのかによって，望ましい意思決定は変わってきます．このような状況では，意思決定問題を表現する利得行列だけでなく，何が望ましい意思決定なのかを決めるための原理（あるいは基準）がないと代替案を選ぶことは不可能です．この原理のことを，**意思決定原理**といいます．ここでの意思決定とは，利得行列が与えられたときに，何らかの意思決定原理に従って望ましい代替案を選び出す作業です．図 2.4 にこの様子を示します．意思決定原理に従って選ばれた代替案を，意思決定問題の**解**といいます．解は存在する場合と存在しない場合があります．解が存在するときに，解は 1 つに定まる場合もありますが，複数の場合もあります．化学プラントにおける液体製品の生産量の決定のように，代替案が連続する数値をとる場合には，解は無限[5]の場合もあります．

　次の節では，不確実性についての情報が異なる 3 つの場合それぞれについて意思決定原理を見ていきますが，よく用いられる意思決定原理は，確実下の意思決定では 1 つなのに対して，リスク下，不確実下になるに従って増えていきます．つまり，望ましい意思決定に対する考え方は，不確実性が増すに従って増えていきます．

図 2.4　意思決定問題

---

[5]　解が「無限」とは，解が「有限」でないこと，つまり解の個数が n 個であるような整数 n が存在しないことです．

2.4 確実下の意思決定原理にはどのようなものがあるのだろう？

確実下では，外乱のうち何が起こるかが確実にわかっている前提で意思決定を行うので，意思決定問題は利得を最大化する代替案を見つける問題に帰着できます．この意思決定原理を**最適化原理**といいます．

2.4.1 最適化原理

例えば，上述の携帯電話販売店の例で，確実に人気が高くなるという前提で意思決定をする場合は，2つの代替案の中で利得を最大化するものを選べばいいので，表 2.3（p.27）において人気の「高」い列の中で最大の利得を与える発注量である 200 を選べばいいということになります．つまり，最適化原理のもとで，意思決定の解は 200 です．この例のように代替案が 2 つしかない場合は，それぞれの利得を比較するだけです．一方，代替案の数が多くなると，利得を最大化する代替案をどのように見つけるかという問題が出てきます．特に，液体製品の生産量のように代替案が連続値をとる場合，代替案は理論的には無限個あって，利得状況も表 2.3 のような表の形に表現することはできません．したがって，代替案の中から最適な解を求めるためには，携帯電話の例のように単純な利得の比較というわけにはいかない場合が多くあります．

一般に多数ある代替案の中から最適な解を求める問題は，**最適化問題**と呼ばれ，**オペレーションズリサーチ**という名前の分野でその解法についてはたくさんの蓄積がなされています．このオペレーションズリサーチは，よく OR という名前で呼ばれ，これは英語の Operations Research の略です．ここでのオペレーション（operation）とは，もともと戦争遂行のための作戦を意味する英語です[6]．オペレーションの語源が「作戦」にあることからわかるとおり，OR はもともと戦争における作戦遂行のための研究から始まったものです．特に，第二次世界大戦時の米国と英国において，部隊の派遣場所の決定や，兵站[7] の効

---

[6] 1991 年にイラクを主戦場として実質的に米国の主導で行われた湾岸戦争では，いくつかの英語の作戦名称が用いられましたが，例えば，「砂漠の嵐作戦」はもともとの英語では Operation Desert Storm といいます．

[7] 前線に兵器や食料を輸送する後方支援を含めて，作戦を遂行する部隊の移動の計画や実施を兵站といいます．兵站を意味する英語であるロジスティックス（logistics）も，現在ではオペレーションと同様に戦争用語としての意味から離れて，効率的な物流を意味する日本語になっています．

率化に応用され，戦後，数学の応用分野として発展しました．

　最適化原理が適用可能なのは，目的関数が与えられたうえで，しかも問題に含まれる不確実な要素が除去できる状況です．このような状況では，意思決定問題は，「最適な解を求めよ」という非常に明確なものになります．このように解くべき問題が明確な問題のことを，**構造化問題**と呼ぶことがあります．

　一方で，携帯電話の販売店の問題においては，人気がどうなるかをあらかじめ確実に予想することは困難，あるいは不可能だと考えるのが適切でしょう．このような状況では，最適化原理は適用できません．この場合，論理的な意思決定をどのように考えればいいでしょうか？

2.5　リスク下の意思決定原理にはどのようなものがあるのだろう？

　リスク下の意思決定においては，起こり得る外乱のそれぞれについて，確率がわかっているという前提で意思決定問題を解きます[8]．ただし，利得行列がどのような値を持っているかによっては，外乱の確率に関係なく望ましくない代替案を除去できる場合があります．

2.5.1　支配原理

　これまでの 2 つの代替案に加えて，300 台発注するという代替案も選択肢として考慮するとどうなるでしょうか．表 2.2 (p.25) にあった場合と同様，人気が高い場合でも，200 台しか売れないという前提で利得行列を作成すると，表2.4 のようになります（各自確かめてください）．人気がどうなるかははっきりとはわかりませんが，この状況で 300 台発注しようという経営者はいないはずです．どうしてでしょうか？

　例えば，200 台発注するという代替案と，300 台発注するという代替案とを比較してみてください．人気が低／中／高のどの場合であっても，200 台注文したほうが 300 台注文するよりも利得の値が大きくなります．つまり，外乱に関わらず，200 台という代替案は 300 台という代替案よりも望ましい結果をも

---

[8]　より正確には，外乱の確率分布がわかっている状況です．外乱が連続値をとる場合には，起こり得る外乱の個数が無限となりますが，この場合には，数学的には「確率分布関数」として取り扱います．

表 2.4　300 台発注する代替案を含めた利得行列

（単位　千円）

発注数量＼人気	低	中	高
100	− 750	600	600
200	− 2750	− 1500	1200
300	− 4750	− 3500	− 1000

たらす代替案であることがわかります．

　このように，2 つの代替案を比較した際に，どの外乱が発生しても一方の代替案の利得が他方の代替案の利得よりも常に大きいとき，前者は後者を**支配する**といい，後者は前者に**支配される**といいます．上記の例では，代替案 200 台は代替案 300 台を支配しており，逆に 300 台は 200 台に支配されています．

　他の代替案に支配されている代替案は，何が起こっても，その代替案を支配している代替案のほうが望ましい結果をもたらすわけですから，合理的な意思決定を行うならば，支配されている代替案よりも，支配している代替案を選んだほうがより望ましいということになります．したがって，他の代替案に支配されている代替案は，意思決定の解から除去することができます．つまり，表 2.4 の 300 台の代替案は考慮の対象から外しても構わないわけです．そうすると，表 2.4 の利得行列から代替案 300 台の行を取り除くことで，表 2.3 と同じ利得行列が得られます．このように，支配される代替案を除去することで，利得行列を簡単にできる場合があります．

　100 台と 200 台の 2 つの代替案についてはどうでしょう？　一方が他方に支配されるような，支配／被支配の関係はあるでしょうか？　人気が低い，あるいは中くらいの場合には，100 台注文したほうが利得は大きくなります．一方で，人気が高い場合には 200 台のほうが利得は大きくなっていることがわかります．つまり，これら 2 つの代替案は，外乱がどうなるかによってどちらが望ましいかは変わってきます．したがって，一方が他方を支配しているという関係はありません．このような場合に合理的な意思決定を行うには，どう考えればいいでしょう？

2.5.2　期待値原理

　確率がわかっているときには，望ましさの指標として確率を加味した利得の

平均値，すなわち利得の期待値を指標とする方法が広く用いられます．つまり，意思決定原理として各代替案の利得の期待値の最大化を用いる方法です．この意思決定原理を**期待値原理**と呼びます．

例えば，表 2.3 (p.27) において，新しい携帯電話の人気の低／中／高のそれぞれが 20%，50%，30% の確率で起こると仮定できる場合，2 つの代替案それぞれについて，利得の期待値を求めることができます．以下では，例えば代替案 m を用いた場合の**期待値**を $E(m)$ と書きます[9]．期待値は，結果として得られる数値に確率を掛けて足し合わせたものですから，次のようになります．

$$E(100) = -750 \times 0.20 + 600 \times 0.50 + 600 \times 0.30 = 330 (千円)$$

$$E(200) = -2750 \times 0.20 + (-1500) \times 0.50 + 1200 \times 0.30 = -940 (千円)$$

こうして得られた利得の期待値のことを**期待利得**といいます．期待値原理では，期待利得を最大化する代替案を選ぶことになりますので，2 つの代替案のうち大きい期待利得を与える 100，つまり「100 台発注する」が解となります．この解は，確率によって変化することに注意してください．かなりの確率で高い人気が予想できる場合，例えば，人気の低／中／高のそれぞれ 10%，10%，80% の確率で起こると仮定できる場合，

$$E(100) = -750 \times 0.10 + 600 \times 0.10 + 600 \times 0.80 = 465 (千円)$$

$$E(200) = -2750 \times 0.10 + (-1500) \times 0.10 + 1200 \times 0.80 = 1535 (千円)$$

となり，200 が解となります．

2.6　不確実下の意思決定原理にはどのようなものがあるのだろう？

不確実下の意思決定とは，外乱について確率がわからない状況での意思決定のことでした．確率がわかっているリスク下でも，いくつかの意思決定原理を考えることができましたが，より不確実な状況では，意思決定に何を求めるか，不確実性に対する意思決定者の態度によってさまざまな考え方が可能です．以下で，いくつかの原理について見ていきましょう．

---

9)　期待値のことを英語で expected value といいます．expect には「期待する」という意味があります．ここでは expect の頭文字の E を使って，期待値を表します．$E(m)$ という関数の表記を用いるのは，代替案 m を決めると期待値が 1 つに定まる，つまり期待値を与えるという操作は，代替案から期待値を対応付ける関数としての役割を持っているからです．

2.6.1 支配原理

リスク下の意思決定で取り上げた支配原理では，利得行列にある利得だけが問題だったこと，つまり，外乱の確率は問題とはされなかった点を思い出してください．他の代替案に支配されている代替案は，外乱の確率がどうなっているかとは関係なく代替案の除去ができました．したがって，この考え方は外乱の確率がわからない不確実下においても有効です．他の代替案に支配されている代替案がある場合，そのような代替案を取り除くことで利得行列を小さくできて，分析が楽になる可能性があります．場合によっては，そのような代替案を取り除くことで代替案が1つに絞り込める場合もあり得ます．

2.6.2 ラプラス原理

ラプラス原理[10]とは，各代替案について利得の平均値を求めて，その最大値を与える代替案を解とします．ここでの平均とは，算術平均[11]です．例えば，表2.3において，代替案 m の利得の平均値を $M(m)$ と表すとすれば，次のようになります．

$$M(100) = \frac{-750 + 600 + 600}{3} = 150$$

$$M(200) = \frac{-2750 - 1500 + 1200}{3} = -1016$$

したがって，この値の最大値を与える 100 が解となります．

この値は，3つの外乱がそれぞれ 1/3 ずつの等確率で起こると仮定して，リスク下の意思決定で学んだ期待値原理を適用した場合と同じ結果となることに注意してください．外乱の確率について情報がないので，それらが等確率で起こるという前提のもとで期待値原理を適用しているのと同じです．したがって，確率はわかっていないが，明らかに外乱のそれぞれについて確からしさに大きな違いがあると予想できる場合には，この原理は必ずしも適切とはいえま

---

10)「ラプラス」という名前は，確率論の基礎を築いたフランスの数学者ラプラス（Laplace, 1749–1827）からきています．

11) 平均には，ここで用いる算術平均（相加平均）以外にも，いくつかのものがありますが，よく用いられるものに幾何平均（相乗平均）があります．n 個の数値データ $d_1, d_2, \cdots, d_n$ の算術平均 m_A と幾何平均 m_G は次のように求められます．

$$m_A = \frac{d_1 + d_2 + \cdots + d_n}{n}$$

$$m_G = \sqrt[n]{d_1 d_2 \cdots d_n}$$

せん．このように，それぞれの原理がどのような仮定にもとづいているかを理
解していることは，その原理の妥当性を判断するうえで重要になります．

2.6.3　マックスミニ原理

　外乱についての確率情報がわからない場合，考え得る方法の 1 つとして，そ
れぞれの代替案について，起こり得る最悪の結果を想定して意思決定を行うと
いうものがあります．例えば，表 2.3 (p.27) の代替案 100 について，外乱の 3
つについてそれぞれ異なる利得がもたらされますが，最悪の結果というのは利
得が最小となる場合，つまり 75 万円の損失（表中の − 750）となる，人気が低の
場合です．このように各代替案について，手にし得る利得の最小値のことを，
保証水準と呼びます．保証水準という名称は，「最悪でもこれだけの水準の利
得が保証される」という意味からきています．表 2.3 における代替案 100 の保
証水準は − 750 です．同様にして，代替案 200 の保証水準は − 2750 となります．
マックスミニ原理という意思決定原理は，それぞれの代替案の保証水準を求め
て，その最大値を与える代替案を解とするものです．表 2.3 では，先ほど求め
た 2 つの代替案の保証水準を比較し，その最大値である − 750 を与える 100 が
解となります．
　「マックスミニ」という名前は，この原理を式で表現した場合の形に由来し
ます．代替案 m，外乱 u のときの利得を $P(m, u)$ と表したとすると，マックス
ミニ原理の下での解 m^* は次を満たすものです．

$$\min_u P(m^*, u) = \max_m \min_u P(m, u) \tag{2.1}$$

この式の右辺における $\max_m \min_u P(m, u)$ は，$\max_m [\min_u P(m, u)]$ と書いた
ほうがわかりやすいかもしれません．右辺の式の値は，利得の値 P の u を動
かしたときの最小値（minimum）を各 m について求め，さらにそれらを m を動
かして比較した場合の最大値（maximum）であることを意味しています．この
「最小値（min）の最大値（max）を求める」という動作が，式で表現すると「動
作＋対象」という英語と同じ順序で書かれるため[12]，$\max[\min P]$ という順序
になります．この "max min" をマックスミニと呼んだり，マキシミンと呼ん
だりします．「マキシ」は "maximum"，「ミニ」は "minimum" というそれぞれ

---

12)　英語では，動作を表す語句を動詞，その動作の対象を表す語句を目的語といいますね．
　　英語で最も多く用いられる文型は S＋V＋O，つまり「主語＋動詞＋目的語」です．こ
　　のように，日本語と違って目的語は動詞の後に置かれます．例えば，「P を最小化する」
　　という日本語は，英語にして主語を省略すると "Minimize P" となります．

省略前の元になっている語に由来します.

　それぞれの代替案について, 起こり得る最悪の結果を想定し, それらを比較して最も望ましい代替案を選択する, というのがマックスミニ原理です. 「起こり得る最悪の結果」を考慮するわけですから, 意思決定の姿勢としては, 最も慎重かつ悲観的な意思決定原理であると言えます. 意思決定問題に対して, 悲観的に臨むか楽観的に臨むかは, 起こり得るさまざまな可能性に対して意思決定者がどう向き合うかの違いです. その間には, どちらが正しいとか, どちらが絶対的に望ましいといった差はありません. しかし, 慎重な意思決定が望まれる重要な問題は私たちの身の周りに多くあります. 意思決定の失敗が取り返しのつかない結果を生むような場合には, 慎重に意思決定に臨むことは必要でしょう.

　一方で, 大きな利益が得られるチャンスを重視する意思決定を行う場合には, 楽観的に意思決定に臨むことになります. 次では, そのような楽観的な意思決定に用いられる意思決定原理を見ましょう.

2.6.4　マックスマックス原理

　前節で説明したマックスミニ原理は, それぞれの代替案のもとで最悪の状況を想定するという消極的な意思決定原理でしたが, より積極的な意思決定が求められる状況もあります. 各代替案のもとで起こり得る最善の結果を想定する意思決定原理を, **マックスマックス原理**と呼びます.

　例えば, 表2.3(p.27)の代替案100について, 起こり得る最善の結果というのは利得が最大となる場合, つまり60万円の利潤(表中の600)となる, 人気が中かまたは高の場合です. この場合, 最善の結果がもたらされる外乱は2つある点に注意してください. 同様にして, 代替案200について利得が最大となるのは, 外乱が高の場合で, その際の利得は1200です. マックスマックス原理では, これら各代替案のもとでの利得の最大値を比較して, それらの最大値を与える代替案を解とします. 先ほど求めた2つの代替案のもとでの利得の最大値を比較すると, 1200が最大ですから, 代替案200が解となります.

　「マックスマックス」という名前は, 「最大値の最大値を取る」ということに由来します. マックスミニ原理の場合と同様に, 式で表現すると, マックスマックス原理の下での解 m^* は次を満たすものです.

$$\max_u P(m^*, u) = \max_m \max_u P(m, u)$$

　この式の右辺が，「マックスマックス」という名前の理由です．

　マックスマックス原理のもとで解を求める場合には，利得行列の各行（横方向の並び）で利得の最大値を求めて，さらにそれらの最大値を利得行列の縦方向で比較して求めますので，結局は利得行列の表の中での利得の最大値を与える代替案を探せばいいことがわかります．例えば，表 2.3 の中での利得の最大値は，1200 ですから解は 1200 という利得のある代替案 200 となることがわかります．

　マックスマックス原理は，各代替案のもとで最善の状況を想定するという，最も楽観的な意思決定原理です．外乱のどれが起こるかが予想できず，しかもそれがでたらめに決まる場合には，それらの可能性に楽観的に臨むか悲観的に臨むかは，それぞれの意思決定者の姿勢の違いによって決まるものです．したがって，どちらが一概に良いかどうかの絶対的な基準は存在しません．前述のマックスミニ原理と，ここでのマックスマックス原理のように，極端に悲観的／楽観的な態度で意思決定に望むのではなく，これら 2 つの考え方を一定の比率で混合させて解を求める意思決定原理も提案されています[13]．

　しかし，外部にいる自律的な意思決定者がどの外乱が起こるかを決められるとしたらどうでしょう？　例えば，あなたがある地域で別の販売店と競争をしていて，その販売店が資本力を使って他の機種の携帯電話の宣伝活動を行い，あなたが新たに販売しようとしている新機種の携帯電話の売れ行きを左右するだけの影響力を持っていると仮定してください．その販売店は，あなたの利潤を阻止するのが目的ですから，あなたが売り出そうとしている新機種の携帯電話の人気を高くするような行動は取らないでしょう．つまり，2 つの代替案のいずれの場合でも，あなたの利得が最大となるような高い人気は起こらないと考えるべきでしょう．このような場合，マックスマックス原理というのは適切な意思決定原理とはいえません．それぞれの代替案について，競合する相手は，あなたの利得を最小にするような行動をとってくると考えるべきでしょう．つまり，マックスミニ原理を使用するのが適切でしょう．

　このように，意思決定者が 1 人ではなく複数いて，互いに自分の利益を巡っ

---

13) 有名なものに，ハーウィッツ原理という意思決定原理があります．ハーウィッツは，この原理を考えた人の名前に由来します．ハーウィッツ(L. Hurwicz, 1917-2008, 「ハービッツ」，「フルヴィッツ」などとも呼ばれる)は，ゲーム理論に関連した業績で，2007 年にノーベル経済学賞を受賞しました．ハーウィッツ原理について詳しくは，例えば第 2 章の参考文献 [1] を参照してください．

て相互作用しているような状況を，**ゲーム的状況**といいます．「**ゲーム理論**」は，このような状況を取り扱うものです．ゲーム理論について詳しく知りたい人は，本書の補足資料（p.viii 参照）や第 2 章の参考文献［2］を参照してください．

練習問題

2-1 表 2.3（p.27）にある利得のうち，本書に計算過程が示されていないものについて，確かめよ．

2-2 表 2.4（p.33）を確かめよ．

2-3 次の利得行列で表されるリスク下の意思決定を考える．外乱の発生確率も示されている．本書で学んださまざまな意思決定原理のもとで，解を求めよ．

代替案＼外乱（発生確率）	b_1 (1/2)	b_2 (1/2)
a_1	1	5
a_2	4	2
a_3	3	1

2-4 次の利得行列で表される不確実下の意思決定を考える．以下の設問に答えよ．

代替案＼外乱	b_1	b_2	b_3
a_1	33	12	-10
a_2	0	22	22

1) 2つの代替案の間に，支配／被支配関係は存在するか？
2) ラプラス原理のもとで解を求めよ．
3) マックスミニ原理のもとで解を求めよ．

第 2 章の参考文献

［1］ 高原康彦，中野文平 編：『経営システム』，日刊工業新聞社，1991 年.
［2］ 武藤滋夫：『ゲーム理論入門』（日経文庫，経済学入門シリーズ），日本経済新聞社，2001 年.

第3章

コンピュータシステム

　本章の主題はコンピュータシステムです．まずは「コンピュータ」と呼ばれるものの歴史を振り返ります．コンピュータの歴史を知ることは，現在のコンピュータシステムのありようを理解するのに役立ちます．

3.1　コンピュータはいつ頃から使われるようになったのだろう？

　コンピュータという名称は，もちろん英語の computer という語に由来する外来語で，「計算するもの(compute+(e)r)」あるいは「計算する機器」というのがもともとの意味ですから，現在のような電子式の計算機が出現する前の機械式の計算機までその起源を遡ることが可能です[1]．しかし，ここで対象とするのは，いわゆる「電子計算機」に限定しましょう．

　現在のデジタルコンピュータの原型となる最初期の電子計算機としては，1946年にペンシルベニア大学のモークリー(J. Mauchly)とエッカート(J. P. Eckert)を中心に開発された ENIAC(エニアック：Electronic Numerical Integrator and Computer)が有名です[2]．当時はまだ半導体を用いた素子が発明される前なので[3]，

---

1)　有名なものとしては，17 世紀にフランスの数学者パスカルの発明した機械式卓上計算機や，ドイツの数学者ライプニッツの発明した，円筒式歯車計算機があります．
2)　かつて，ENIAC は世界最初のコンピュータとみなされたことがありましたが，「コンピュータ」の定義によって何を「世界最初」とするかは諸説あって，必ずしも世界最初のものではないとみなされる場合も多いようです．例えば，1944 年に作成された「ハーバード・マーク I」は，「リレー」と呼ばれるスイッチを用いており，最初の電気機械式コンピュータとされます[1]．また，第二次世界大戦中の 1944 年に，ドイツ軍の暗号を解読するために英国で開発された「コロッサス」の初期型は，真空管を約 1,500 本用いた電子式計算機でしたが，プロジェクトの機密保持のため，ほとんどのハードウェアが破棄され，設計図も長らく秘密にされたため，最近その存在が知られるようになりました[2]．しかし，ENIAC が，コンピュータの最初期に現れ，その後のコンピュータの歴史に重要な影響を与えた，という点は間違いありません．
3)　半導体を用いた素子であるトランジスタは，米国のベル研究所において 1947 年から1948 年にかけて発明されました．

真空管とよばれるガラスの中に電熱線と電極を封入した部品が約1万7千個使用されました．真空管は，従来の白熱電球と同様に電熱線に寿命があるため，ある程度の時間使用すると使えなくなります．真空管が1個でも故障すると，機械全体の動作に支障が出ます．それでも，当時のENIACは，連続運転をすると真空管が週に2～3本壊れる程度で[4]，稼働率は90％程度[5]だったそうです．

　現在のデジタルコンピュータにより近いものの出現には，1947年以降の半導体を用いたトランジスタ，次いで複数のトランジスタを1つの半導体結晶の上に集積した集積回路IC(Integrated Circuit)，さらには，トランジスタを中心とした素子を大量に集積したLSI(Large Scale Integration)やVLSI(Very Large Scale Integration)の出現を待つ必要があります．加えて，磁気ディスクや，集積度の進んだ半導体メモリ，液晶を用いた表示装置(ディスプレイ)の発明，さらには，基本ソフトウェア(オペレーティングシステム)の進化と普及によって，コンピュータは現在のように広く使われるものになりました．表3.1に，これらの経緯を示します．

　現在のコンピュータは，単独で用いられるのではなく，多くの場合ネットワークに接続して使用されます．ネットワーク技術の歴史や，その詳細については，第5章で見ることにします．本章では，単体としてのコンピュータにつ

表 3.1　コンピュータと関連技術の歴史年代できごと

年代	できごと
1946	ENIAC　登場
1947 – 1948	トランジスタの発明
1959	集積回路(IC)　特許の出願
1964	IBM システム /360(IC を使ったコンピュータ)発表，世界的ヒット
1981	IBM-PC(現在の PC の元祖)発表
	IBM PC DOS(ディスクオペレーティングシステム，後にマイクロソフトによる OEM 供給となり MS-DOS となる)登場
1982	NEC　PC-9801 を発表
1984	アップル　Macintosh(マッキントッシュ)を発表
1995	マイクロソフト　Windows 95 発売

4)　連続運転をすると，加熱と冷却によって引き起こされる電熱線の収縮と膨張の反復がなくなるため，故障率が下がります．
5)　つまり，運転時間の10％は故障中で使えなかったということです．

いて学びます.

3.2 現在のコンピュータの仕組みはどうなっているのだろう？

標準的なコンピュータ, 特に, 汎用のパソコン (PC：Personal Computer) の構造は, 図3.1 のようになっています. 図3.1 は, コンピュータの仕組みをハードウェアの視点からシステムとして描いています. つまり, コンピュータが物理的にどのような構成要素からできていて, 要素間にどのような関係があるかを描いた図です.

まず, コンピュータの中心部には CPU (Central Processing Unit：中央演算処理装置) と呼ばれる装置があります. これがコンピュータの心臓部で, コンピュータが行う作業の多くはこの装置上で行われます. CPU で処理するデータを一時的に蓄えておく作業場としての主記憶は, CPU と密接に結びついており, CPU と主記憶を主要な要素としてまとめてコンピュータ本体と呼ぶことがあります. 他には周辺装置として, プログラムや各種データを長期的に蓄えておくための補助記憶装置, 利用者との間で入出力を行うためのマウスやタッチパッドなどのポインティングデバイス, キーボード, グラフィックディスプレイ装置 (モニタ), スピーカなどが含まれます. 図中の矢印は, これらの要素間でデータのやり取りがあるという関係を表現しています. 以降では, これらについて簡単に見ていきます.

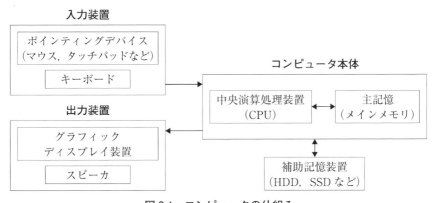

図 3.1 コンピュータの仕組み

3.3　コンピュータの心臓部である CPU とは何だろう？

　現在のデジタルコンピュータの心臓部である CPU には，各社からさまざまなタイプのものが製造，販売されています．現在，汎用のものとして最も多く使用されている CPU には，米国の半導体メーカーであるインテル社から発売されている，Intel Core シリーズのプロセッサがあります．この CPU は，マイクロソフト社の Windows OS[6] がインストールされて売られている多くのパソコンに使用されています．

　CPU というとき，通常はデジタルコンピュータ上で中心的な仕事をするプロセッサ(処理装置)をさします．それ以外にも，CPU と同じ回路基盤に搭載され画像の高速表示などの処理をするグラフィックプロセッサや，家電製品や自動車などに搭載されてさまざまな処理をするマイクロプロセッサなど，現在，たくさんの種類のプロセッサ(処理装置)が製造，販売されていますが，これらの基本的なメカニズムや動作原理は共通です．以下では，これらをまとめて CPU と呼ぶことにします．実際，「CPU」，「プロセッサ」，「マイクロプロセッサ」といった名称は同義語として用いられることがよくあります．

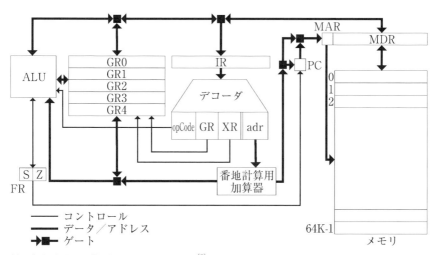

(出典) 飯島淳一：『情報システムの基礎』[3]，日科技連出版社，1999 年，p.46.

図 3.2　CPU の基本構成

6)　OS(オペレーティングシステム)については，3.8 節で述べます．

　CPU の基本構成を示したのが，図 3.2 です．この図は，情報処理技術者試験 [7] で出題されていた COMET（コメット）と呼ばれる架空の CPU の構成を示しています．もともと，COMET は情報処理技術者試験で出題されるアセンブリ言語 [8] が，特定のプロセッサに習熟した人が試験を受けるうえで有利にならないように，現実には存在しない仮想の計算機（プロセッサ）として設計されたものです．CPU の基本動作は，処理の単位となる「命令」を決められた順序で実行するというものです．CPU はそれぞれの機種別に固有の命令セットを持っています．例えば，インテル社の Intel Core シリーズの CPU で動作する命令と，アップル社が開発して Mac に搭載されている M1 や M2 などの CPU で動作する命令は違います．実在する CPU を使って試験問題を作成すると，その CPU に慣れ親しんだ人と，そうでない人との間で不公平が生じることから，COMET は情報処理技術者試験の出題のために，実在しない仮想的な CPU として設計されました．また，実在する CPU は，処理の高速化や効率化のために日々，高機能化，複雑化してきています．コンピュータの基本原理を理解する目的のためには，現在，多く使用されている CPU はあまりにも複雑過ぎます．そのため，COMET は現実の CPU の機能の本質的な部分を損なうことなく，しかも，構造を単純化して設計されています [9]．本質的な部分のみを抜き出して，他の細かい部分は切り捨てる，つまり「抽象化」を行うことで，コンピュータの基本原理を理解するための「モデル」になっているわけです．

　現在の CPU は，すべて 2 進数で処理を行います．2 進数は 1 桁を 0 か 1 で表現します．2 進数の 1 桁を **1 ビット**（bit：binary digit）といいます．CPU は，いくつかのビットをひとかたまりとして処理を行います．いくつのビットをまとめて取り扱うかは，CPU の内部にある主要なデータ格納場所の大きさによっ

---

[7]　経済産業省が行う国家試験．最もやさしいレベル 1 から最も難しいレベル 4 までの 4 つのスキルレベルが設定され，それぞれのレベルに分かれて試験区分が設けられています．仮想計算機 COMET 上でのプログラミング言語は，レベル 2 の基本情報技術者試験の中のプログラミング言語に関する出題において 2022 年まで出題されており，COMET のアセンブリ言語 CASL は，C 言語や Java などを含むいくつかの選択可能なコンピュータ言語の 1 つとして設定されていました．アセンブリ言語については，次の注を見てください．

[8]　アセンブラ言語ともいいます．コンピュータの心臓部であるプロセッサ（CPU）を動作させるための機械語プログラムを，人間にわかりやすい形式で記述するためのコンピュータ言語のことです．

[9]　例えば，COMET は 1 つの命令が取り扱う情報量が 16 ビット（「ビット」については後述します）の CPU ですが，最近の Intel Core シリーズは 64 ビット CPU，つまり 1 度に取り扱う情報量は COMET の 4 倍です．

て決まっています．各部については後述しますが，COMET では図 3.2 の IR と書かれた**インストラクションレジスタ**（IR：Instruction Register）や，GR0，GR1 などと書かれた**汎用レジスタ**（GR：General purpose Register）と呼ばれる部分は，16 ビットの大きさを持っています．つまり，0 か 1 が 16 個格納できるレジスタ[10] です．CPU はこれらのレジスタに命令やデータを格納して，処理を進めていきます．したがって，COMET では 16 ビットをまとめて取り扱う CPU です．このことから，この種の CPU を 16 ビット CPU と呼ぶことがあります．現在でも，マイクロプロセッサには 16 ビットのものが多く利用されています．

では，図 3.2 に示された主要な部分について，簡単に見ていきましょう．COMET は，2001 年に仕様改訂が行われ，COMET II と呼ばれるものになっています．仕様改訂では新たに命令が追加されたり，汎用レジスタの数が拡張されたりするなどの，若干の高機能化が行われています．ここでは改訂前の COMET について解説します．上述のとおり，改訂前の COMET のほうがより仕様が単純で，CPU の基本原理を理解するという目的に合致しているからです．COMET II について詳しく知りたい人は，例えば，第 3 章の参考文献 [4] をご覧ください．

3.4　メモリとメモリ関連レジスタとは何だろう？

まず，図 3.2 にある「メモリ」は，図 3.1 にあった主記憶と同じものです．これは，CPU で行う作業が示された一連の命令であるプログラムや作業に必要なデータを格納したり，作業の途中経過や最終的な処理結果を格納したりするための作業用の記憶領域です．メモリは通常は CPU の外部に置かれますが，CPU での処理と密接に結びついているので，ここでは同じ図に描かれています．

COMET では，メモリは 16 ビットの容量をもったレジスタが 1 列に並んでいます．この一つひとつのレジスタには，その場所を表すアドレス（番地）が，0 番地から順に非負整数でふられています[11]．メモリにデータや命令を格納したり，メモリから取り出したりする際に，目的とする場所を示すためのアドレスを格

---

10) CPU 内で情報を一時的に記録（記憶）しておく場所のことを，レジスタといいます．
11) メモリ空間のアドレス（番地）は，多くの場合，8 ビット＝1 バイト（byte）のレジスタを単位としてふられます．COMET では，16 ビットからなるレジスタを単位とするアドレスが用いられます．

納するためのレジスタが，**メモリアドレスレジスタ**(MAR：Memory Address Register)です．COMET の MAR も，IR や GR と同様，16 ビットレジスタです．16 ビットのレジスタに格納できる整数の最大値は，$2^{16}-1$ です．コンピュータの世界では，$2^{10}=1024=1K$(キロ)としますので，この最大整数は，

$$2^{16}-1=2^{6+10}-1=2^6\times2^{10}-1=64K-1$$

となります．したがって，COMET は 0 番地から 64K－1(＝65535)番地までのメモリ空間を持っています．

メモリにデータを格納したり，あるいはメモリからデータや命令を取り出したりする際には，**メモリデータレジスタ**(MDR：Memory Data Register)を経由して行われます．メモリにデータを格納する(「ストアする」といいます)際には，MAR によって指示されたアドレスに MDR の内容が送られ，逆にメモリからデータや命令を取り出す(「ロードする」といいます)際には，MAR によって指示されたアドレスのメモリからその内容が MDR に転送され，処理されます．

3.5　プログラムカウンタとインストラクションレジスタとは何だろう？

プログラムカウンタ(PC：Program Counter)[12] は，CPU が命令を処理する際に，メモリ上に格納されたどの命令を処理するかを格納場所のアドレスを用いて示します．PC も MAR と同じく 16 ビットのレジスタですので，メモリ上の 0 番地から 64K－1 番地までのアドレスを格納できます．COMET が命令を処理する際には，PC によって示されたアドレスのメモリから命令が取り出され，MDR にいったん蓄えられ，インストラクションレジスタ(IR：Instruction Register)に送られて，デコーダによって命令内容の解析が行われた後，その命令によって指定された実際の処理が行われます．

COMET の命令は，32 ビットの固定長です．このように，命令の長さが固定の命令方式を，**固定長命令**といいます．CPU によっては，命令によって長さが異なる**可変長命令**の方式をとるものもあります[13]．図3.3 に，COMET の

---

12) プログラムカウンタは，COMET II においては「プログラムレジスタ」という名称で呼ばれます．
13) 前出の Intel Core シリーズは可変長命令．一方で，アップルの M1, M2 などは固定長命令を採用している CPU です．

0 1 2 3 4 5 6 7 8	12	16	24	31
opCode	GR_NO	XR_NO	adr	

図 3.3　COMET の命令フォーマット

命令形式を示します．32 ビットのうち，上位 8 ビットが命令の種類を
(opCode)，次の 4 ビットが汎用レジスタを指定する領域(GR_NO)，続く 4
ビットが指標レジスタと呼ばれるアドレス方式を使用する際に用いられる領域
(XR_NO)，残りの 16 ビットはアドレスを指定するために用いられる領域
(adr)です．本書の目的は COMET を通じて，CPU の機能の要点を学ぶこと
なので，これらの詳細については後で例を用いて一部を示すにとどめます．

　COMET では，さらに次の 2 つのレジスタが重要な働きを担っています．

3.5.1　汎用レジスタ

　COMET は，さまざまな処理のために一時的にデータを格納しておく**汎用
レジスタ**(GR：General purpose Register)を 5 つ持っています．これらは，図
3.2(p.44)では，GR0，GR1，…，GR4 と記されています．汎用レジスタは，メ
モリと違ってアドレスの計算をすることなく，直接アクセスできる記憶領域な
ので，高速の処理が可能になります．また，5 つあるうちの一部のレジスタは，
指標レジスタ(GR1 ～ GR4)，**スタックポインタ**(GR4)といった特別な用途で
用いられることがあります．

3.5.2　フラグレジスタ

　COMET の**フラグレジスタ**(FR：Flag Register)は 2 ビットのレジスタで，
符号(sign)を表す符号フラグと，ゼロ(zero)を表すゼロフラグからなり，図
3.2 では，それぞれ S, Z という記号で表されています．符号フラグは演算結
果が負数になったことを，ゼロフラグは演算結果がゼロになったことを示すフ
ラグ[14] です．これらのレジスタは，主に条件分岐に使われます．

---

14) フラグ(flag)というのは，処理結果を真(1)か偽(0)の 2 つの値で示すレジスタ，あるい
　は変数のことです．レジスタや変数に所定の値を設定することで，結果が真になったこ
　とを表します．真であることを示す値 1 を設定することを，「フラグ(旗)を立てる」と
　いいます．

3.6 CPU での処理はどのように行われるのだろう？

COMET の命令セットをすべて説明するのは，本書の範囲を越えるので，ここでは，一部の命令を使って簡単なプログラムを解説するにとどめます．詳しく知りたい人は，例えば第 3 章の参考文献 [3] を参考にしてください．

図 3.4 は，整数の絶対値を計算するプログラムです．整数 x の絶対値 $|x|$ とは，次のように定義されるものです．

$$|x| = \begin{cases} x & (x \geq 0 \text{ のとき}) \\ -x & (\text{それ以外のとき}) \end{cases}$$

図には，x に 1 というデータを与え，メモリの 0 番地から 15 番地までに格納されたプログラムとデータを，2 進数による機械語表現 [15] と，CASL(キャスル)と呼ばれるアセンブリ言語の両方で表示してあります．アセンブリ言語とは，CPU で処理される一つひとつの命令を，機械語のビットの並びではなく，ニーモニックと呼ばれる命令語(図中の LD や CPA など)を使って記述する言語です．

図 3.4 の一番左側，コロン(：)の左に記されているのは，メモリ上の番地です．COMET のメモリ空間 [16] は，16 ビットが 1 つの単位として番地(アドレス)がふられていますので，図 3.4 では 1 つの番地の 16 ビットが 1 行になるように書かれています．このプログラムは，第 13 番地までが命令，第 14 番地と第 15 番地はプログラムで利用するデータが格納されています．すでに説明したように，COMET は 32 ビットの固定長命令ですので，命令部分では 2 番地につき 1 つの命令が対応しています．

COMET のプログラムの開始時点では，通常，プログラムカウンタ(PC)は 0 に設定されています．そこで，COMET は，0 番地の命令をメモリデータレジスタ(MDR)経由でインストラクションレジスタ(IR)に転送します．このとき，IR は次のようになります．

      0001 0000 0001 0000

---

15) CPU は内部ではビットの並びとしてプログラムやデータを処理します．そこで，この図のようにビットの並びとしてプログラムを表現したものを，CPU という機械が直接理解できる言葉という意味で，「機械語」による表現と呼びます．
16) 空間とは，集合(ものの集まり)の上に何らかの構造をともなったもののことです．この場合，16 ビットの記憶単位がたくさん集まったものが，線形に並んでいる(連続した番号が振られている)という構造を持ったものになっています．

0 :	0001000000010000		LD GR1,X
1 :	0000000000001110		
2 :	0100000000010000		CPA GR1,Y
3 :	0000000000001111		
4 :	0110000000000000		JPZ STR
5 :	0000000000001010		
6 :	0001000000010000		LD GR1,Y
7 :	0000000000001111		
8 :	0010000100010000		SUB GR1,X
9 :	0000000000001110		
10 :	0001000100010000	STR	ST GR1,Y
11 :	0000000000001111		
12 :	1001000000000000		EXIT
13 :	0000000000000000		
14 :	0000000000000001	X	1
15 :	0000000000000000	Y	0

図 3.4　COMET でのプログラム例

　図 3.3 で説明したとおり，最初の 8 ビット（opCode）が命令を表しています．
この場合の 0001 0000 は，ロード命令と呼ばれるものです．この命令は，次の
4 ビット（GR_NO）で指定される汎用レジスタに，指定されたアドレスのデー
タを転送します．この場合の 4 ビット 0001 は GR の番号を意味し，汎用レジ
スタ GR1 を指定しています．「指定したアドレス」とは，次の第 1 番地の 16
ビット（adr）で指定される番地です．

　続いて，COMET は PC を 1 つ増やし，その結果 1 となった PC に従って第
1 番地の命令を MDR 経由で IR に転送します．IR は次のようになります．

　　　0000 0000 0000 1110

これは，10 進数だと 14 に当たります．つまり，第 14 番地を意味しています．
そこで，COMET は MAR を 14 に設定し，第 14 番地のデータ

　　　0000 0000 0000 0001

が MDR を経由して GR1 に転送されます．

　次の第 2～3 番地の命令では，たった今 GR1 に格納したデータと，15 番地
に格納されている 0 との算術比較を行う命令です．15 番地のデータよりも
GR1 のほうが小さいとき，符号フラグが 1 に設定されます．

　次の第 4～5 番地の命令では，フラグレジスタの内容に従って分岐を行う分

岐命令です．符号フラグが立っていないとき（0 であるとき），通常は命令を処理しながら 1 ずつ増えていく PC を，adr で指定されている番地に強制的に設定します．この場合は，14 番地に格納されていて GR1 に転送されたデータが，15 番地に格納されているデータ 0 よりも大きいので，直前に実行された算術比較命令において符号フラグは設定されず 0 になっていますから，PC は adr で指定されている 10 に変更になり，第 6 番地から第 9 番地までの命令の処理が飛ばされて，次は第 10～11 番地にある命令の処理に制御が移ります．

第 10～11 番地にあるのは，GR1 の内容をメモリの第 15 番地に保存するストア命令です．その結果，1 というデータが第 15 番地に移ります．もし 14 番地に収められていたデータが負の数だった場合には，第 2～3 番地の命令で符号フラグが立てられます（1 になる）．この場合は，次の分岐命令の実行で PC の変更が行われないため，通常どおり PC を 1 つ増やして，第 6～7 番地の命令が実行されることになります．第 6～7 番地の命令は，第 0 番地と同じロード命令で，第 15 番地のデータを GR1 に格納します．この命令が実行されるときは，第 15 番地は 0 のままになっているはずですから，この命令は GR1 にゼロを格納します．次の第 8～9 番地の命令は，指定したレジスタとメモリとの内容との間の算術減算を行う命令です．この場合は，直前の命令で 0 に設定し

```
 0 :    0001000000010000
 1 :    0000000000001110
 2 :    0100000000010000
 3 :    0000000000001111
 4 :    0110000000000000
 5 :    0000000000001010
 6 :    0001000000010000
 7 :    0000000000001111
 8 :    0010000100010000
 9 :    0000000000001110
10 :    0001000100010000
11 :    0000000000001111
12 :    1001000000000000
13 :    0000000000000000
14 :    0000000000000001
15 :    0000000000000001      # ここに結果 1 が格納される
```

図 3.5 終了後のメモリ

た GR1 から，第 14 番地のデータを引きます．つまり，0−x を計算することで，− x を求めています．次は，x≧0 の場合と同様，第 10 〜 11 番地のストア命令で結果を第 15 番地に保存します．

第 12 〜 13 番地は，プログラムの終了を表す終了命令です．この命令によって，COMET は PC の増加を停止し，プログラムの処理を終了します．前掲の図 3.5 に終了後のメモリの内容を示します．第 15 番地の内容が，第 14 番地のデータ 1 の絶対値である 1 に変化している点に着目してください．

以上の処理で，第 14 番地にあらかじめ与えられた数値 x の絶対値 |x| の計算が行われ，結果が第 15 番地に保存されることがわかります．多くのプログラムで行われる処理はもっと複雑ですが，どんな複雑なプログラムもこれらの命令の組合せによって実行されます．

3.7　コンピュータ言語にはどのようなものがあるのだろう？

前述の絶対値を求める COMET プログラムは，図 3.4 (p.50) で示されたように，2 進数の機械語プログラムとしてメモリに格納されますが，通常，このプログラムは CASL と呼ばれるアセンブリ言語を用いて書かれます．アセンブリ言語で書かれたプログラムは，アセンブラと呼ばれるソフトウェアによって自動的に機械語に変換され，メモリ上に転送された後，実行されます（図 3.6）．

図 3.4 でも，機械語で表されたメモリの内容に対応づけてアセンブリ言語による命令が示されていますが，実際には，CASL によるプログラムはアセンブラに対する指示を加えた図 3.7 にあるようなプログラムとなります．

START FROM の部分は，プログラムの開始行を示し，機械語プログラムをメモリに読み込んだ（ロードした）後，FROM というラベルのついた命令が格納されたアドレスに PC が設定されます．また，END は CASL プログラムの終端をアセンブラに指示するためのものです．

これら後から追加された 2 行を除けば，他の行は実際の COMET の一つひとつの命令か，プログラムで使用されるデータ領域に対応している点に注意してください．アセンブリ言語によるプログラミングは，このようにハードウェアである CPU の各命令，あるいはプログラムで使用するデータのメモリ上の内容を直接プログラミングできるため，ハードウェアの特性を生かした高速の

CASL プログラム　　　　　　　機械語プログラム

アセンブラ

図 3.6　アセンブラによる CASL プログラムの翻訳プロセス

```
        START FROM
FROM    LD GR1,X
        CPA GR1,Y
        JPZ STR
        LD GR1,Y
        SUB GR1,X
STR     ST GR1,Y
        EXIT
X       1
Y       0
        END
```

図 3.7　実際の CASL プログラム例

プログラムを作成することができます．このことから，リアルタイム性[17] が求められる OS の核となる部分や，周辺機器を制御するためのデバイスドライバ [18]，家電製品や機械などに組み込まれるマイクロプロセッサ(マイクロコンピュータ，マイコン)向けのプログラム [19] の作成などに使用されることがあります．しかし，現在の多くのプログラムの作成に使われるコンピュータ言語は，アセンブリ言語のように特定の CPU に直接対応した言語ではなく，もっと汎用性のある抽象度の高い**高級言語**，あるいは**高水準言語**と呼ばれるものです．

　ハードウェアである CPU に近いものを「低位」あるいは「下流」，ソフト

---

17) プログラムの動作速度に対して，厳しい条件が求められるとき，「リアルタイム性が高い」といいます．つまり，リアルタイム(実時間)性とは，実際の時間によって定まる制約を満足する性質を意味します．

18) コンピュータに接続されるさまざまな周辺機器などのハードウェアを，「デバイス」と呼びます．多くのデバイスドライバは，通常は，オペレーティングシステム(OS)に含まれ，デバイスを制御して，アプリケーションソフトウェアに対して周辺機器とのインタフェースを提供します．

19) 例えば，現在の多くの電気炊飯器には，炊飯や保温を制御するためのマイクロプロセッサが搭載されていますし，現在の自動車は，燃料噴出装置や変速機などさまざまな箇所でマイクロプロセッサによる制御システムが働いている，コンピュータのカタマリです．このようなプロセッサ(コンピュータ)を動作させるためのソフトウェアシステムを，通常のパソコンなどで動作する汎用性の高い(つまり，さまざまなハードウェアで動作する)ソフトウェアシステムと対比して，特定の機器に組み込まれるシステムという意味で，「組込みシステム(embedded system)」と呼ぶことがあります．

ウェアとコンピュータシステムの使用者であるユーザ(人)に近いものを「高位」あるいは「上流」に位置づけた場合に, アセンブリ言語のようにハードウェアに直接対応する言語を,「**低級言語**」,「**低水準言語**」と呼び, それに対して, 抽象度が高く, ハードウェアに依存しない汎用性の高い言語を「**高級言語**」,「**高水準言語**」と呼ぶわけです. これらの名称は, 必ずしも技術的な優劣を意味するのではない点に注意してください.

　高級言語の代表は, 現在も利用するプログラマの多い C 言語, あるいは C 言語に「オブジェクト指向プログラミング[20)]」と呼ばれる方法が使えるような拡張を施した C++(「シー・プラス・プラス」と読みます), Java(ジャバ)[21)] といったものです. Java もオブジェクト指向機能を備えた言語です. 図3.8に, 上述した絶対値を求めるプログラムを C 言語で実現したものを示します. このプログラムを実行すると, 変数 x の絶対値が, 変数 y に格納され, プログラムが終了します. 上述の CASL によるプログラムと同様, ここでは結果の出力は実装していません.

　この C 言語によるプログラムは, **コンパイラ**(compiler)と呼ばれるソフトウェアを用いて, 図3.4(p.50)にあるような機械語に翻訳され, メモリ上に送

```
void main(void){
    int x=1;
    int y;

    if(x>=0)
        y=x;
    else
        y=-x;
}
```

図3.8　C 言語プログラム例

---

20) オブジェクト指向プログラミングとは, プログラムを,「もの(オブジェクト)」の集まりとして作成するプログラム開発の技法です. 私たちが「もの」を扱う場合, その「もの」固有の属性や手続きが備わっていて, それらはその「もの」と切り離すことはできません. 例えば, ハンマーには, そのハンマー固有の重さ, 大きさなどの属性があります. また,「持ち上げ」て, さらに「振り下ろす」という手続きで釘を打つことができます. これら, 属性と手続きはハンマーに固有なものなので, 切り離すことはできません. オブジェクト指向プログラミングでは,「もの」を属性と手続きの集まりとして記述します.

21) Java は, もともとサンマイクロシステムズ社(Sun Microsystems, 通称「サン」)が開発した言語で, 現在はサンを吸収合併したオラクル社(Oracle)によってバージョンアップなどの維持が行われています.

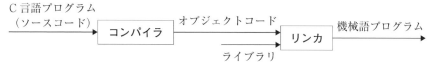

図 3.9　コンパイラによる C 言語プログラムの翻訳

られて実行されます．多くの場合は，コンパイラによって機械語の**オブジェクトコード**（object code）と呼ばれるコードに翻訳され，さらに，**リンカ**（linker）と呼ばれるソフトウェアを使い，入出力などを実行するためのコードと結合されて最終的に実行可能な機械語プログラムとなります（図 3.9）．入出力などのためのプログラムは，多くの場合，プログラム開発ソフトウェア群の一部として供給されます．これらを，「ライブラリ」と呼ぶことがあります[22]．図 3.8 にある C 言語によるプログラムは，最終的にコンピュータ上で実行可能なプログラムを生成する際のおおもととなる 源（みなもと）という意味で，**ソースコード**（source code）と呼ばれます．

コンパイラは，C 言語で書かれたプログラムを，そのプログラムを実行する CPU に対応した機械語に翻訳しますので，目的の CPU に対応したコンパイラを用いることで，同じ C 言語プログラムをさまざまな CPU で実行できます．

C 言語で書かれたプログラムを図 3.7 と比較すると，条件分岐に if ～ else のように，自然言語としての英語で使用される文型が使えることや，main や void のような，通常の英語の単語が使われることから，読みやすくなっていることがわかります．

3.8　コンピュータに使われるソフトウェアには，どのようなものがあるのだろう？

ソフトウェアにはさまざまなものがありますが，その最も大きな分類では，次の 2 つに分けられます．

22）コンパイラやライブラリなど，プログラム開発に必要なソフトウェア一式をまとめて，開発キット（development kit），開発環境（development environment）と呼ぶことがあります．「環境」という言葉は，ソフトウェアの文脈で用いるときには，プログラムを利用したり開発したりするために必要なソフトウェア（場合によってはハードウェアも含めた）の集まりを総称するときによく使われます．

① **基本ソフトウェア(システムソフトウェア)**

コンピュータの使用，あるいはその高度化を目的としたソフトウェア．オペレーティングシステム(operating system：OS)は，その代表です．

② **アプリケーションソフトウェア**

基本ソフトウェアの上で動作し，ユーザがコンピュータ上で行いたい作業を行うための機能を提供するソフトウェア．ワープロ(ワードプロセッサ)ソフト，表計算ソフト(スプレッドシート)，ウェブブラウザ，DBMS(database management systems：データベース管理システム)[23] などがその代表です．

第1章でも取り上げたように，基本ソフトウェアの代表である OS は，入出力デバイスを制御する入出力管理ソフトウェア，ファイルシステムの管理を行うファイル管理ソフトウェアや，コンピュータ上で実行する複数の作業や複数のユーザの作業(「タスク」といいます)のスケジューリングを行うタスク管理ソフトウェアなどのサブシステムから構成されています．これらのサブシステムが互いに関連して動作することで，OS 全体としては，ハードウェアであるコンピュータとユーザとの間を仲介し，コンピュータの使用，あるいはその高度化を実現しています．ソフトウェア製品としての OS としては，アップル社の MacOS やマイクロソフト社の Windows が広く用いられています．最近の「スマートフォン」と呼ばれる携帯端末上では，Android(アンドロイド)や iOS が広く使われています．

上記の説明でアプリケーションソフトウェアの例としてあげてあるものについては，2024 年現在，トップシェアの製品名をあげておきます．ワープロと表計算ソフトについては，いずれもマイクロソフト社の Word と Excel がそれぞれ事実上の標準です．Web ブラウザでは Google(グーグル)が開発した Google Chrome(グーグル・クローム)[24]，マイクロソフト社の Edge(エッジ)と，アップル社の Safari(サファリ)が 3 大シェアを誇っています．Chrome は，Edge や Safari と異なり，ソースコードが公開され，配布が無料で自由にできる「オープンソースソフトウェア」です[25]．DBMS では，Oracle(オラクル)社による Oracle Database(オラクル・データベース)が商用のものとしてはよく知られています．また，オープンソースソフトウェアとしては，PostgreSQL

---

23) データベース管理システム(DBMS)については，次章で詳しく学びます．
24) Chrome は，Google が開発した OS の名称でもあります(Google Chrome OS)．
25) Chrome には，一部，有償で配布されるコンポーネントもあります．

（ポストグレスキューエル）や MySQL がよく知られています．DBMS については，次章でも取り上げます．

練習問題

3-1 COMET において負の整数データは，その数の絶対値の「2 の補数」によって表される．16 ビットで 2 の補数は，2^{16} からその数を引いたものである．例えば，-1 は 2^{16} から絶対値である 1 を引いたものとなる．

$$2^{16} - 1 = 65536 - 1 = 65535$$

であるから，-1 は，

1111 1111 1111 1111

となる．図 3.4(p.50) を，-1 の絶対値を計算するプログラムに変更し，プログラム終了時のメモリの内容を示せ．

3-2 現在の CPU には，1 つのプロセッサーパッケージ内にプロセッサの中核部分（コアという）を複数封入したものがある．コアとは，概ね図 3.2(p.44) に示されたもののうち，メモリを除いたものである．2 つ以上のコアを持つ CPU は，「マルチコア」と呼ばれる．マルチコアにすることで，どのような利点があるか．また，その利点を引き出すためには，どのような技術が必要か述べよ．

3-3 各自，自分が持っているコンピュータについて，使用されている CPU は何か（製造者と製品名を）答えよ．

3-4 「逆アセンブラ」と呼ばれるソフトウェアを使うと，図 3.4 の左に示された機械語プログラムから，右にあるニーモニック（アセンブリ言語）に変換することができる．この作業が必要なのはどういうときか？

3-5 Java では，コンパイラは機械語のプログラムを出力するのではなく，CPU（ハードウェア）に依存しない**バイトコード**（byte code）と呼ばれる形式の中間コードを生成する．バイトコード形式のプログラムを実行する際に用いられるソフトウェアを何というか？ このソフトウェアは，バイトコード形式の

プログラムを解釈・実行するという点で，実際のCPU（実マシン）が機械語形式のプログラムを解釈・実行することと似ていることから，**Java仮想マシン**（Java virtual machine）とも呼ばれることがある．最近AIでの応用で注目を浴びているPython（パイソン）は，この種のソフトウェアを用いて直接プログラムを解釈・実行するという方式を取っている言語である．

3-6　プログラムの開発にはエラー（誤り）がつきものである．プログラムのエラーには，プログラムが文法規則に沿っていないため起こる構文エラー（syntax error）がある．構文エラーは，コンパイル時にエラーとして顕在化する．一方，論理的なエラーや，プログラムの誤記がたまたま文法規則に沿っていたために，コンパイル時に見つからない場合もある．このようなエラーのことをバグ（bug，「虫」の意）という．プログラムの規模が大きくなると，バグを取り除く作業はソフトウェア開発に不可欠となるが，この作業は何と呼ばれるか？　また，この作業を行うためのソフトウェアを何という[26]？

第3章の参考文献

[1]　マーチン・キャンベル－ケリーほか著，山本菊男訳：『コンピューター200年史』，海文堂出版，1999年.

[2]　B. Jack Copeland：*Colossus: The Secrets of Bletchley Park's Code-Breaking Computers*, Oxford University Press, 2010.

[3]　飯島淳一：『情報システムの基礎』，日科技連出版社，1999年.

[4]　飯島淳一：『入門 情報システム学』，日科技連出版社，2005年.

---

[26]　Visual C++のような統合開発環境には，このためのソフトウェアが組み込まれています．

第4章

データベースシステム

　本章の主題はデータベースシステムです．データベースシステムは現在の情報システムを支える重要な要素の1つとなっています．まずはデータベースシステムがどのような「システム」なのかを確認しましょう．

4.1　データベースシステムとは何だろう？

　データベースシステムは，その名前が示すとおり「システム」ですから，第1章で述べたとおり，次の3つの特性を備えています．

1)　複数の要素からできている．
2)　要素間に関係がある．
3)　全体として何らかの秩序性をもっており，機能，目的を有する．

　データベースシステムにおいて，これら3つの特性とは何なのか答えることで，「データベースシステムとは何か」という問いに答えることができます．

　まず，データベースシステムを構成する要素とは何でしょう．図4.1にデータベースの標準的な構成を示します．図にあるように，データベースシステムには多くの要素が含まれています．まず，データの集まりを格納したデータベースがその心臓部です．このデータベースと，データベース言語処理系を中心とする**データベース管理システム**(DBMS)と呼ばれるものを合わせてデータベースシステムと呼びます．さらには，データベースシステムを利用するさまざまな利用者(ユーザ)やアプリケーションプログラムまでも合わせて，データベースシステムの要素として考察の範囲に含める場合もあります．

　次に，要素間の関係とは何でしょうか？　これも，図4.1に，矢印を使って示されています．例えば，一般ユーザとデータベースシステムとの間には，「問合せ」に対して「応答」を得るという関係があります．図中のラベルの付いていない両方向の矢印は，データのやり取りを表します．データベース管理

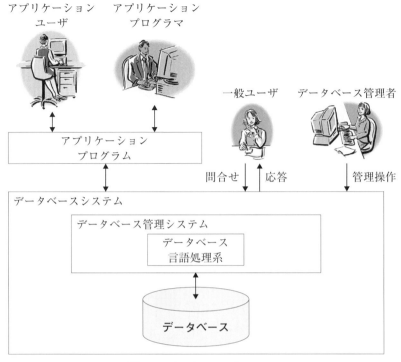

図 4.1　データベースシステム

システムとデータベースとの間には，データのやり取りという双方向の関係が
あります．

　3つめのシステム「秩序性」，あるいはその現れとしてとらえられる機能，
目的とは何でしょうか？　第4章の参考文献［1］には，データベースシステ
ムの提供する機能が次のように記されています．

　「データベースシステムは，データ資源を有機的に統合して蓄積管理し，効
率的な共有とより高度な利用を図ることを目的としたシステムである」（第4
章の参考文献［1］，p.1 より一部改変）．

　ここでいう「効率的」とは，例えば，大量のデータの中から目的のものを高
速に探し出すこと(検索機能)をさします．また，「高度な利用」とは，データ
資源を加工したり複数のデータ資源を組み合わせたりして新たなデータを作り
出し，それらを分析に利用し，意思決定の支援につなげることをさしていま
す．例えば，大学を始めとする現在の多くの教育機関では，「教務情報システ

ム（または学務情報システム）」と呼ばれる情報システムを使用しますが，その中核となるのは，学生の学籍や成績，各講義室の設備情報などを蓄えたデータベースシステムです．このデータベースシステムに蓄積されているデータを用いて，講義室の利用状況を分析し，新たな講義室棟の建設が必要かどうかを判断する際に役立てるのは，ここでいう「高度な利用」の例といえるでしょう．

　このような目的を持って利用されるデータベースシステムですが，その中心は図 4.1 にあるデータ群としてのデータベースと，それを取り巻くデータベース言語処理系からなるソフトウェアです．これらのソフトウェアは，通常，データベースを構築する際にすべてを一から作成するということはありません．多くの場合，後述する「データベース管理システム」というソフトウェアを使って構築され，使用されます．

4.2　なぜデータベースシステムが必要なのだろう？

　データの永続的な蓄積と利用を行うという目的のために，従来から，OS の一部として提供されるファイルシステムと呼ばれるものが利用されています．例えば，インターネット上の各種サービスを提供する際に必要な情報の提供に，ファイルシステムを基本とするデータベースが利用されています．以下では，その例を 2 つあげます．1 つは**サービス名データベース**，もう 1 つは**ドメインネームシステム**と呼ばれるものです．いずれも，インターネット上のサービスを利用するうえで，不可欠なデータベースです．

　インターネット上で提供されるさまざまな情報サービスは，それらのサービスを提供するサーバへサービス要求を送信することによって受けられますが，個々のサービスに固有の通信規約（プロトコル）が定められ，それらの識別のために，「ポート」と呼ばれる仕組みが用いられます．インターネット上のサーバには，さまざまなサービスを提供するものがあります．例えば，電子メールの中継や配送を行うメールサーバ，ウェブ（WWW：World Wide Web）の情報提供を行うウェブサーバ，インターネット上の名前とアドレスとの対応付けを行うドメインネームサーバ（DNS：Domain Name Server）などがその代表です．これらのサーバは，個々のサービスに固有の番号を持つ「ポート」と呼ばれる窓口をネットワークに対して開放して，クライアント（利用者）からの要求を待っています．

　例えば，ウェブサーバへのアクセスに使用されるサービスを規定するプロトコルは，主に HTTP(Hyper Text Transfer Protocol)という名前で呼ばれますが，実際にサーバとブラウザとの間の下位レベルの通信には TCP(Transmission Control Protocol)と呼ばれるプロトコルが用いられ，ウェブブラウザがウェブサーバにデータのアクセスを要求する際には，ポート番号 80 を使用するという決まりになっています．

　現在のインターネット上で提供されるサービスには数多くのものがあります．個々のサービスがどのプロトコルに対応し何番のポートにリクエストを送ったらいいのかを知るには，通常，OS がテキストファイルに格納されたデータを用いて，「サービス名データベース(service name database)」として情報提供する仕組みを利用します[1]．これには，図4.2にあるような形式で，テキストファイルとして保存されたデータにもとづいて管理されます．1 行につき 1 つのネットワークサービスが対応し，

　　　　　http　　　　80/tcp　　　www www-http　　# WorldWideWeb HTTP
のように，サービス名(http)，ポート番号(80)／プロトコル名(tcp)，サービスの別名(www www-http)が格納されています．# 記号の右に書かれているのは，コメント(注釈，説明書き)です．

```
#
# Network services, Internet style
#
...
#
# WELL KNOWN PORT NUMBERS
#
rtmp            1/ddp     #Routing Table Maintenance Protocol
tcpmux          1/udp      # TCP Port Service Multiplexer
tcpmux          1/tcp      # TCP Port Service Multiplexer
...
nbp             2/ddp     #Name Binding Protocol
...
http            80/tcp      www www-http # WorldWideWeb HTTP
```

図4.2　サービス名データベースにおけるファイル形式

---

[1]　例えば，2024 年時点での MacOS(MacOS 14)のサービス名データベースには，9 千を超えるサービスのエントリがあります．

　また，インターネット上での通信を可能にするには，サーバ名(ドメイン名)
とアドレス(IPアドレス)との対応づけが必要です．これは，私たちが電話網
を使って通信をしようとするときに，相手の名前と電話番号との対応づけが必
要であるのと同じです．

　例えば，日本大学生産工学部のウェブサーバのドメイン名は，www.cit.
nihon-u.ac.jp ですが，これは，150.60.250.244 というアドレスが対応していま
す[2]．インターネットでは，この対応付けを行うために，ドメインネームシス
テム(Domain Name System)という分散型のデータベースシステムを持って
いますが，実は，このデータベースシステムに格納されているデータのマス
ターデータは，OSのファイルシステムに格納されたテキストファイルとして
管理されるのが普通です．テキストファイルを用いたデータの管理には，次の
ような欠点があります．

1)　**アプリケーションとデータとの独立性が保てない**

　上述のサービス名データベースの例で見たように，テキスト形式で格納さ
れたデータを直接アプリケーションソフトウェアが使用する場合には，デー
タの格納形式をアプリケーションの開発者が意識しなければなりません．例
えば，格納されているデータのエントリの順序や，データ項目の区切りがど
うなっているか(空白文字なのか，コンマなのかなど)に依存してアプリケー
ションを開発する必要があります．単独のアプリケーションによって使用さ
れるならそれで構いませんが，各種のアプリケーションがデータ資源を共有
する場合，それでは困ります．

2)　**複数のデータ間での整合性の管理が難しい**

　通常，データベースは多くのデータの集まりとしてデータを格納します．
例えば，「教務情報データベース」では，学生の学籍データ，成績データ，
開講科目についての履修者データ，講義室ごとの収容人数や設備を記載した
講義室データなど多くのデータを管理しなければなりません．この場合，
個々のデータは独立ではなく，互いに関連性を持っており，その関連には整
合性が求められます．例えば，履修者データに現れる学生が，学籍データに
存在しない学生であっては困ります．このような，データ間で整合性が保た
れるべきであるという制約のことを，データベース理論では**整合性制約**と呼

---

[2]　2024年2月時点でのアドレスです．サーバマシンの更新などで，将来変更になる可能
　　性があります．

びます.

3) 多重アクセスの制御が難しい

　データベースには，多くのユーザがアクセスして使用するのが普通です.
例えば，列車の切符の予約を行うためのオンラインシステムには，運行され
る列車の座席の予約状況を格納するデータベースが背後に控えています．同
じ列車の同じ席を，複数の利用者が異なる端末から同時に予約してしまうと
いった不都合を防ぐための処理は，データベース理論で**トランザクション処
理**と呼ばれます.

4) きめ細かいアクセスコントロールができない

　1つのデータの中の一部の項目を，ある特定の利用者以外には秘匿にしな
ければならないといった状況が起こります.

　例えば，人事管理データベースに格納されている社員データのうち，社員
の内線電話番号はすべての社員からアクセス可能にしたいが，給与データ
や，健康保険の利用履歴データは，人事部の特定の権限を持ったユーザしか
アクセスできないといった利用の仕方が考えられます．ファイルシステムを
用いたファイルによる管理では，このようなきめ細かなアクセスコントロー
ルは難しいのです.

5) 信頼性の確保(障害時の復旧やデータのバックアップ)に限界がある

　データベースがさまざまな情報サービスの一部として利用されるようにな
ると，起こり得るさまざまな障害に対応できるような機能が求められます.
　市販されている商用のデータベースソフトウェア(前章で例示した Oracle
Database)や，多くの利用者を持つオープンソースソフトウェアのデータベー
ス管理システム(同じく PostgreSQL，MySQL)は，これらの機能の多くを備
えています.

4.3　データベース管理システムとは何だろう?

　データベースシステムに求められる機能の1つが，データとアプリケーショ
ンソフトウェアとの独立性を確保することでした．データをアプリケーション
から独立させることで，複数のアプリケーションや多くのユーザが共通のデー
タにアクセスしたり利用したりすることが容易になります．これらを可能にす
るのが，3.8節で登場し，図4.1でも出てきた**データベース管理システム**

（DBMS）と呼ばれるものです．第4章の参考文献［1］によれば，DBMSとは次のようなものです．

「データを管理し利用に供するためのソフトウェアシステムを，データベース管理システムと呼ぶ」（第4章の参考文献［1］，p.2より一部改変）．

前項で，ファイルシステムを使ってデータベースを構築した場合に生ずるさまざまな欠点について説明しました．DBMSはこれら欠点を補うべく，データベースシステムを構築，運用，管理する際に必要な機能を備えています．データベースシステムの構築者は，DBMSの中で実際にデータ群を格納したデータベースを作成することで，前述の欠点をともなわないデータベースシステムが構築できます．

データベースシステムは，このようにDBMS上で実際のデータ群を格納したデータベースをともなったシステムとして構築されるのが普通です．そのうえで，DBMSが提供する機能を使って，データベースの維持や管理を行います．DBMSがこれらの機能を提供するうえで重要なのが，データベース言語と呼ばれるコンピュータ言語です．データベースの設計者や構築者がデータベースシステムを構築する場合や，データベースに対してさまざまな問合せをしたり管理をしたりする際に使われるコンピュータ言語を，データベース言語といいます．現在，最も多く使われるデータベース言語は，SQL[3]と呼ばれます．

4.4 データベースシステムはどこで使われているのだろう？

前項で，データベースシステムは現在の情報システムを支える重要な要素だと述べました．実は，データベースシステムの重要性については，すでに1.3節で，生産管理システムの例を取り上げて説明しました．自動車の生産ラインで，数万点の部品在庫を，在庫量をなるべく少なくするという制約を考慮して管理するには，膨大なデータの保存，更新などのデータ管理が必要になります．このように，データベースシステムは，生産管理システムや人事管理システムなどの企業における情報管理に使われますが，現在では，ネットワーク上での

---

3) SQLという名前は，その前身であるデータベース問合せ言語SEQUEL（Structured English Query Language）が名称を変えたものとされています[1]．

さまざまなビジネスに欠かせないものになっています．インターネット書店と
して出発し，今やインターネット上のネット通販サイトとして最大の顧客数を
有する米国の Amazon.com（アマゾン・ドット・コム）を利用したことのある
人は多いと思います．2018 年 4 月時点の新聞報道によれば，Amazon.com は
無料会員を含めると 3 億人を超える顧客を有するそうです [4]．Amazon.com の
特徴としてよく知られるのは，「レコメンデーション機能」と呼ばれるもので
す．これは，顧客の過去の購買履歴にもとづき，顧客が興味を持つであろうと
思われる商品を電子メールなどを送って推薦する機能です．この機能の実現に
は，上記の膨大な数の顧客の購買履歴を保存し検索する機能が不可欠です．そ
のためには，「検索エンジン」と呼ばれる高速のデータ検索機能を組み込んだ
データベースシステムの利用が欠かせません．

4.5　データベースシステムを理解するにはどうすればいいのだろう？

　DBMS が提供する機能によって，データとアプリケーションソフトウェア
との独立性が確保されるようになると，データの表現法やその管理方法の標準
化が進みます．現在のデータベース理論は，その結果として出現しました．複
数のアプリケーションからデータへのアクセスを可能にするためには，データ
を表現したりアクセスしたりするための共通の枠組みが必要になります．こ
の，「共通の枠組み」のことを，**データモデル**（data model）と呼びます．
　モデルについては，すでに第 1 章で述べましたが，対象から着目したい部分
だけを抽出し，他を捨象して表現したもののことでした．このような行為のこ
とを「抽象化」と呼びました．なぜデータベースの議論に抽象化が必要なので
しょうか？
　データベースの実現には，さまざまな方法が可能です．例えば，データの物
理的な格納形態に関していえば，情報項目の収録順序や，文字コード，データ
圧縮を用いるか否かといった点について，多くの選択肢があります．あるい
は，データベースの重要な機能の 1 つは，データの検索機能ですが，データの
検索方法についても，各種の探索アルゴリズムが提案されていて，それぞれ長

---

[4]　2018 年 4 月 19 日付『日本経済新聞』，「アマゾン，有料会員が 1 億人突破」より．

所，短所があります[5]．これら，データベース実現に関わる詳細な問題と，データベースシステムが提供すべき機能の重要な部分とを切り分ける必要があります．そうすることで，データベースシステムの動作の本質的な部分に着目できます．そのためには，抽象化は避けて通れません．

　データベース理論において用いられてきたデータモデルにはいくつかのものがありますが，現在の主流は，**リレーショナルデータモデル**です．1970年に当時IBMの研究員だったエドガー・コッド(Edgar F. Codd)がリレーショナルデータモデルを発表してから[6]，このモデルが広く普及しました．現在，市販されている商用のDBMSや広く使われているオープンソースソフトウェアのDBMSは，その多くがリレーショナルデータモデルにもとづいて作られ，構築されるデータベースは，リレーショナル(関係)データベースと呼ばれます．そこで，本章では，以降の説明をリレーショナルデータモデルに絞ります．他のモデルについても知りたい人には，例えば，第4章の参考文献[1]に説明があります．

4.6　リレーショナル(関係)データベースとは何だろう?

　リレーショナル(関係)データベースは，4.5節で述べたリレーショナルデータモデルにもとづいて作成されるデータベースのことです．リレーショナルデータモデルは「モデル」ですから，何らかの言葉を使って表現する必要があります．

　1.9節では，モデルの表現にはいくつかの言語が用いられるという説明をしました．その際，数理的言語，自然言語，図式的言語の3つの言語を取り上げました．データベース理論において，モデルの表現にはどのような手段が用いられるのでしょう?

　データベース理論では，これら3つのすべてが併用されます．特に，リレー

---

[5]　探索アルゴリズムの代表は，線形探索法，二分探索法です．前者は簡単だが時間がかかる，後者は高速だがデータがソート(整列)済みでなければならない，といった特徴があります．

[6]　正確には，コッドのリレーショナルデータモデルは1969年にIBMの研究レポート(IBM Research Report)に最初に発表され，翌1970年に計算機学会の機関紙(Communications of the Association of Computing Machinery, CACM)に掲載され広く知られるようになりました．

ショナルデータモデルにおいては，数理的言語，つまり数学の役割が重要になります．ただし，第1章で説明したとおり，情報を取り扱うデータベース理論において重要なのは，性質や論理を扱う数学です．具体的には，集合論，論理の言葉が使われます．データベース理論の理解には，これらの言葉を使ったモデルの理解が重要になります．

リレーショナルデータモデルとは，データを**リレーション**（関係）として定義するモデルです．リレーション（relation）は「関係」を意味する外来語ですが，データベースが扱うデータは，総じて「関係」を表すものだ，と考えるのがリレーショナルデータモデルです．

関係とは何でしょう？　例えば，家族の構成員の間には，親と子，兄弟といった血縁関係が存在します．リレーションとはこういった「関係」を，集合論の言葉を使って厳格に定めたものです．次の項目で，リレーションとは何かについて見ていきましょう．

4.7　「リレーション（関係）」とは何だろう？

関係とは何かを定めるためには，まず集合の定義を押さえる必要があります．集合とは，何らかのものの集まりのことです．例えば，日本の漫画最大のベストセラーである長谷川町子原作の『サザエさん』[2] に登場する磯野家を考えてください．波平（なみへい）を年頭とする磯野家の住居に同居するメンバーを集めてできる集合は，次のようになります．

　　　　　{波平，フネ，サザエ，カツオ，ワカメ，マスオ，タラオ}

集合は，このように集合を構成するものを列挙し，コンマ（,）で区切って，波カッコ（{, }）でくくって表現します．集合を構成しているもののことを，**要素**といいます．例えば，波平は上記の集合の要素です．

伝統的に，集合は A, B, X, Y などのアルファベットの大文字で表現されます．それに対して，要素は a, b, x, y などのアルファベット小文字で表現します．要素 a が集合 A の構成要素であるとき，

　　　$a \in A$

と表します．$a \in A$ でないとき，

　　　$a \notin A$

と書きます．

　数学ではよく数の集合を考えますが，例えば1桁の自然数の集合は，

　　　　{1, 2, 3, 4, 5, 6, 7, 8, 9}

となり[7]，素数の集合は，

　　　　{2, 3, 5, 7, 11, ...}

と表現されます．素数の集合は要素の数に限りのない無限集合ですが，2から11までの要素を列挙することで，以降，この集合に属するものと属さないものが明確に判断できるので，このように要素を省略して表現することが可能になります．

　集合の表記法には，上述のように要素を列挙して表す方法の他にもう1つ，要素が満たすべき性質を表す言明を用いて表現する方法があります．例えば，上記の素数の集合は，

　　　　{x | x は素数}

と表現できます．ここでの x は不特定の要素を表す変数，「x は素数」というのが，要素が満たすべき性質を表す言明です．また，「|(たてぼう)」は日本語の「ただし」と同様な意味を表しています．つまり，この集合は，「x の集まりで，ただし x が素数であるようなもの」という意味になります．

　この例の「x は素数」に用いられているような，変数を含む言明のことを**述語**(predicate)といいます．「x は素数(である)」という言明は，それ自体では真か偽かが判定できませんが，x に具体的な数を代入することで，真偽が判定可能な言明になります．例えば，$x=3$ とすると「3は素数である」という正しい(真である)言明になりますが，$x=4$ とすると「4は素数である」という正しくない(偽である)言明になります．この「3は素数である」あるいは「4は素数である」のように，それ自体で真か偽かが判定できる言明のことを，**命題**(proposition)といいます．{x | x は素数}と表現された集合は，「x は素数(である)」という述語を真にする要素だけをすべて集めてできる集合を表現しています[8]．

---

7)　自然数には0を含める流派と含めない流派がありますが，ここでは含めない立場を採用しています．

8)　集合の表記法に2つあることを学びました．集合を定める際には，このどちらかが用いられます．要素を列挙することにより集合を定義する場合，これを外延的定義といい，要素の満たすべき性質を用いて定義する場合，これを内包的定義といいます．この2つの方法は，実は私たちが言葉の意味を与える場合に，通常用いている方法です．例えば，「犬」という言葉の定義を与える場合，うちで飼っているポチや隣で飼われているラッシーのような具体的な例をいくつかあげて説明することもできるし(外延的定義)，「4つ足でワンと鳴く動物である」というようにその性質を用いて説明することもできます(内包的定義)．

　集合 A のすべての要素が，集合 B の要素にもなっているとき，A を B の**部分集合**といい，$A \subseteq B$ と書きます．例えば，

$$\{1, 2\} \subseteq \{1, 2, 3\}$$

です．

　次に，集合の掛け算である**直積**[9] を定めます．2つの集合 A と B が与えられたとします．それぞれの集合から任意の要素を取り出し，組にしたものを**順序対**といいます．例えば，

$$A = \{1, 2\}$$
$$B = \{a, b, c\}$$

とするとき，A から1を取り出し，B から a を取り出して組にした $(1, a)$ は1つの順序対になります．A と B から作られるこのような順序対をすべて集めてできる集合を，A と B の**直積集合**（または単に**直積**）といい，$A \times B$ と書きます．上述の例だと，

$$A \times B = \{(1, a), (1, b), (1, c), (2, a), (2, b), (2, c)\}$$

となり，$A \times B$ は6つの順序対から構成される集合となります（つまり要素は6つです）．2つの要素からなる集合 A と，3つの要素からなる集合 B の直積は，$2 \times 3 = 6$ つの要素を持つことから，これが私たちのよく知っている数同士の積（掛け算）と関連を持っていることがわかります．

　関係とは，集合の直積集合の部分集合のことです．『サザエさん』に登場する磯野家の家族関係を例にとって，なぜ直積集合の部分集合が「関係」を表すのかを説明しましょう．

　磯野家のメンバーの集合を A と表したとします．上述のとおり，A は要素を列挙する方法で次のように表現することができます．

$$A = \{ 波平, フネ, サザエ, カツオ, ワカメ, マスオ, タラオ \}$$

これは7つの要素からなる集合です．このとき，A 同士の直積集合は，次のように49個の順序対からなる集合となります．すべての要素を書き出すには多

---

9)　別名，デカルト積（Cartesian Product）といいます．「デカルト」は，17世紀のフランスの数学者，哲学者，ルネ・デカルト（René Descartes）のことです．彼のラテン語名は Renatus Cartesius といい，英語の Cartesian（「デカルトの」という意味の形容詞）は，このラテン語名に由来します．平面上に原点で直交する2本の実数軸（数直線）を引くと，平面上の点は，点から各軸に垂線を下ろすことで得られる2つの実数の組として表すことができます．これを発明したのがデカルトです．二次元の座標平面のことをデカルト平面と呼びます．これによって，図形を扱う幾何学と，数を扱う代数学を結びつけることが可能になったのです．

表 4.1 父子関係の表による表現

父	子
波平	サザエ
波平	カツオ
波平	ワカメ
マスオ	タラオ

すぎるので,一部以外は省略します.

$$A \times A = \{(波平, 波平), (波平, フネ), \cdots, (タラオ, タラオ)\}$$

このとき,次に示す順序対の集合 R を考えます.

$$R = \{(波平, サザエ), (波平, カツオ), (波平, ワカメ), (マスオ, タラオ)\}$$

R は $A \times A$ の部分集合になっていますね.なぜなら,R の要素である 4 つの順序対は,すべて $A \times A$ の要素になっているからです.よって,関係の定義に従えば,R は A 上の関係です.これが,私たちが日常使う「関係」という言葉が意味するところの,いわゆる「実の父子関係[10]」を表していることがわかります.他にも,A 上の家族関係(血縁関係)を表現する関係を,集合の直積集合の部分集合としていくつか考えることができます(章末の練習問題 4-1,4-2 参照).

上述の父子関係は,表 4.1 のように表の形に表現できます.このように,要素が有限の場合には,関係は表によって表現できます.

4.8 リレーショナルデータモデルとは何だろう?

現在のデータベース理論の中心であるリレーショナルデータモデルは,データをリレーションの集まりと定義します.上述のように,要素が有限の場合にはリレーションは表として表現できます.実際,データベースで取り扱うリレーションは有限なものに限られますから,データベースとは表の集まりです.

学籍データを表すリレーションと,履修データを表すリレーションの間に関係があることから,リレーションとリレーションとの間には整合性が必要となりますが,集合の表現を用いることで,こういったデータが満たすべき性質を

---

10) ここでは,(波平,マスオ)のような「義理の」父子関係は除いて,血縁のある「実の」父子関係のみを考えています.

曖昧性のない厳密な形で表現できるようになります．また，複数のリレーションから新たなリレーションを作り出すといった操作を，集合同士の演算として定めて，それらの性質や表現方法を数学的に取り扱うのが，リレーショナルデータモデルです．私たちは，足し算という演算を2つの数に適用することで，「和」という新たな数を作り出すことができます．「数」という体系は，さらに掛け算などの四則演算をともなった構造を作っています．同様に，集合である複数のリレーションに対して，さまざまな演算を適用して新たなリレーションを作り出す体系を定めたものが，リレーショナルデータモデルです．現在のデータベース理論や，データベースソフトウェア，データベース言語の実装は，このモデルにもとづくデータベース理論を基盤としています．さらに詳しく知りたい人は，例えば第4章の参考文献［1］を参照してください．

4.9　データベース言語 SQL とは何だろう？

　ここでは，架空の「科目履修データベース」を使って，データベース言語の標準である SQL によるデータベース構築と問合せの例を見ます．

　大学を始めとする多くの教育機関では，学生の学籍や履修データを管理するためにデータベースシステムを使用しています．大学では卒業生も含めると，数万から数十万人の学籍データを保存し，必要に応じて，成績証明書や卒業証明書を発行しなければなりません．また，開講中の科目も，大きな大学では数千科目にも及びます．これらのデータを管理し，効率的に利用するには，データベースシステムの利用が不可欠です．

　表4.2に，架空の科目履修データベースにおける科目データの表(リレーション)を示します．これは，第4章の参考文献［1］にある例を基に改変を施したものです．このリレーションは，3つの列からできています．これら，表として表現したときの列の項目に与えられる名前を，属性名といい，各項目を**属性**

表 4.2　科目データの例

科目番号	科目名	単位数
001	データベース	2
002	システム工学	3
003	実習	1

といいます．この例では，「科目」というリレーションは3つの属性を持っていて，それぞれ，開講科目を一意にさし示すための「科目番号」，科目の名称である「科目名」，その科目を履修することによって得られる「単位数」を表しています．

　データベースを構築する際には，まず，表の枠（**スキーマ**）を定義し，その後で，表の中身であるデータ（**インスタンス**）を作成します．スキーマの作成は，データベースの構築時に設計者が行いますが，インスタンスの挿入や変更は，データベースの構築時に限らず，その後の運用時に更新や追加が行われるのが普通です．この「科目」という名前のリレーションのスキーマの定義は，SQLで記述すると，図4.3のようになります．

　ここでは，SQLの仕様によって意味が決まっている予約語を大文字で，データベースの設計者が自由に付けることのできる名前は，日本語で示されています．最初の，

　　　　　　CREATE TABLE … ;

の部分を見るとわかるように，これは「表を作れ」という意味の英語の命令文です．SQLはコンピュータ言語，つまり人間が人工的に作った人工言語ですが，記述する文の構造自体は，自然言語である英語の記述にほぼ沿って書くことができるという特徴があります．

　この後には，リレーションの属性をカッコでくくって列挙します．属性と属性との間はコンマで区切ります．それぞれの属性には，そのデータの型（文字列，整数など），空データを許すかどうかといった指定がなされます．ここでは，科目番号が長さ3の文字列型（CHAR）であること，科目名が長さ12までの文字列型であることを指示しています．また，NOT NULL という指定は，これらの属性を空欄にしてはいけない，つまり必ず値をもたなければならないことを意味しています．このデータベースの設計者は，科目を設定する際に

```
CREATE  TABLE  科目
(科目番号  CHAR(3)  NOT  NULL,
 科目名  NVARCHAR(12)  NOT  NULL,
 単位数  INTEGER,
 PRIMARY  KEY  (科目番号),
 CHECK  (単位数  BETWEEN  1  AND  12));
```

図 4.3　SQL によるリレーション「科目」のスキーマ記述

は，科目番号と科目名とは必ず決まっているという前提で，スキーマの定義を与えています．単位数は整数値をとりますので，整数型であることを表すINTEGERという指定がなされています．さらに，表の各行を一意にさし示す属性名（主キー：primary key[11]）の指定や，必要に応じて，単位数の範囲のような属性値の取るべき範囲（「ドメイン制約」という）などが書かれます．SQLによる文の末尾には，C言語などと同様にセミコロン（；）を書かねばならないという規則があります．

　スキーマが与えられると，インスタンスの記述が可能になります．図4.4に，表4.2(p.72)にある3行からなるインスタンスのSQLによる記述を示します．インスタンスの指定は，スキーマの場合と同様，英語の命令文です．

　　　　　INSERT INTO A VALUES B；

は，「Aの中に，値Bを挿入せよ」という意味です．Aの部分にはデータを挿入すべき表の名前が，Bの部分には挿入すべきデータが書かれます．データは，必要な数の属性値をコンマで区切って，カッコでくくって指定します．文字列は一重引用符(')で囲まなければならないという規則があります．

　作成したデータベースに対して，SELECT文を使うと，さまざまな問合せをすることができます．例えば，

　　　　　SELECT * from 科目；

という文をSQLの処理系に与えると，リレーション「科目」の内容がすべて表示されます．アスタリスク(*)の部分には，表示させたい属性名のリストが指定できます．また，

　　　　　SELECT * from 科目 where ＜条件式＞；

の＜条件式＞の部分に，検索対象を指定するさまざまな条件を記述する事ができます．さらに詳しく知りたい人は，例えば第4章の参考文献［1］を見てください．

```
INSERT INTO 科目 VALUES('001','データベース',2);
INSERT INTO 科目 VALUES('002','システム工学',3);
INSERT INTO 科目 VALUES('003','実習',1);
```

図4.4　SQLによるリレーション「科目」のインスタンス記述

---

11)「主キー」については，章末の練習問題4-3を参照してください．

練習問題

4-1　本章で登場した磯野家のメンバーの集合 A 上の次の関係が，どのような関係を表しているか答えよ．

> {(サザエ，カツオ)，(カツオ，サザエ)，(サザエ，ワカメ)，
> (ワカメ，サザエ)，(カツオ，ワカメ)，(ワカメ，カツオ)}

4-2　前問と同じ磯野家のメンバーの集合 A 上の 3 項関係 R が，次のように定められているとする．

> {(a, b, c) | a は b と c をそれぞれ父親，母親に持つ}

このとき，リレーション R を次の 2 通りの方法で表せ．

1) 要素を列挙する方法で集合として表す
2) 表により表す

4-3　リレーション(表)を構成する属性のうち，表のいかなるインスタンスにおいても，それぞれの行(属性値の組という意味で「タプル(tuple)」と呼ぶ)を唯一特定できる属性，または複数の属性の集合で冗長でないもの[12]をキーという．例えば，表 4.2(p.72)にある各科目は，科目番号のみで特定できる．よって，科目番号はキーである．一般に，キーは複数存在する．例えば，もし同一の科目名の科目が存在しないという前提でデータベースを設計する場合には，科目名もキーとなる．データベースの設計者は，各リレーションについて，これらの可能ないくつかのキーの中から，管理上望ましいものを 1 つ選んで，「主キー(primary key)」とする．科目表の場合は，格納するデータ量が少なく，識別性にすぐれているという理由から，科目名より科目番号のほうがデータ管理上望ましいので，科目番号を主キーとするのが妥当である．次は，科目履修データベースの中の，「学生」表である．この表について，考え得るキーをすべて指摘せよ．それらのうち，どれを主キーとすべきかを理由とともに述べよ．

---

[12] 「冗長でない」とは，表のタプルを唯一特定できる属性の集合 {A₁, ..., Aₖ} の要素のうち 1 つでも欠けると，「唯一特定できる」という機能を失うもののことです．これは，「タプルを唯一特定できる」という機能を持つという点で，無駄のない属性集合であるということを意味します．

学生

学生番号	氏名	学科	住所
00001	山田太郎	マネジメント	習志野市泉町 1-2-1
00002	鈴木一郎	情報	習志野市新栄 2-11-1

4-4　上記の学生表について，図 4.3（p.73）の場合を参考に，この表のスキーマ
とインスタンスを SQL により記述せよ．

第 4 章の参考文献

［1］　北川博之　編著：『データベースシステム（改訂 2 版）』，オーム社，2020 年．
［2］　長谷川町子：『サザエさん(1)』，朝日新聞社，1994 年．

情報ネットワーク

　第1章で述べたとおり，現在の経営を考えるうえでインターネットの存在は重要な位置を占めるようになりました．いまやインターネットは，多くの家庭にあるコンピュータや，スマートフォンのような携帯端末までもが接続する巨大な情報ネットワークとなり，電話網と同様，現在の私たちの生活を支える社会基盤となっています．

　もともと，インターネット(internet)とは，相互の(inter-)ネット(net)，あるいはネット(net)の間(inter-)という名前が意味するとおり，複数のコンピュータネットワーク同士が相互に接続されて関連を持つことで，全体として地球規模の情報通信を可能にしている1つのシステムです．まずは，インターネットというシステムが出現した経緯について見ていくことにしましょう．インターネットの歴史を知ることは，現在のインターネットの設計思想の土台を理解する助けになります．

5.1　インターネットはどのようにして生まれたのだろう？

　インターネットの基盤となった技術は，もともと軍事目的に開発されたものです．第二次世界大戦終結(1945 年)後，米国を中心とする資本主義陣営と，当時のソビエト連邦を中心とする共産主義陣営とが世界を二分して対立し，核兵器をはじめとする軍備拡張を繰り広げるという時代がありました．いわゆる「冷戦」と呼ばれるものです．インターネットの基盤となったコンピュータネットワーク技術の研究は，冷戦の真っ只中，1967 年に米国国防総省が中心となって設立した，DARPA(Defense Advanced Research Project Agency：国防高等研究計画局，ダーパ)によって始められました．1969 年に，DARPAが運用を開始したコンピュータネットワーク ARPANET(Advanced Research

Project Agency Network：アーパネット)が，今日のインターネットの出発点とされています.

　当時，すでにミサイルの弾道計算などをはじめとして，国防機能の多くの部分にコンピュータが導入されるようになっていました．ARPANET の目的は，国防の重要な機能を担う国防総省のコンピュータを分散化すること，加えて，分散化されたコンピュータの間で情報を共有するために，複数のコンピュータを通信回線で結ぶことでした[1].　最初は，当時，ARPANET の研究プロジェクトに参加していたカリフォルニア大学サンタバーバラ校，同ロサンゼルス校，スタンフォード研究所，ユタ大学の４つの地点をデータ回線で結び，コンピュータを複数のユーザが遠隔地から共有して使用するための時分割共有システム(タイムシェアリングシステム)[2] としてスタートしました．その後，データを「パケット」と呼ばれる小さな単位に分割して伝送するパケット通信技術が導入され，1972 年には ARPANET に大学や研究所約 50 カ所が接続されました.

　1982 年に，パケット交換方式による通信規約(プロトコル)，TCP/IP(Transmission Control Protocol/Internet Protocol)が標準通信規約として採用されます．この TCP/IP が，今日のインターネットを支える通信技術の中核です．同じ 1982 年に，TCP/IP プロトコルにもとづく通信ソフトウェアが組み込まれたオペレーティングシステム UNIX[3] が，イーサネット[4] ボードを装備したサンマイクロシステムズ社[5] のワークステーション[6] に使用され，TCP/IP の普及に大きく貢献しました.

---

1) この研究の出発点において，「核攻撃下のコミュニケーションの生き残り」が想定されたかどうかについては諸説あるようです．しかし，インターネット技術の各所(例えば，後述する経路制御メカニズム)に「分散化」への指向が強く働いていて，設計の初期の段階から，ネットワークの部分的な障害に対して全体が耐えられるような仕組みが意図されていたことがわかります.

2) 当時は，大型コンピュータの処理を短い時間に区切り，端末の前に座った数十人から数百人の多数のユーザに対して，処理を切り替えながらあたかも多数のユーザが同時並行的に 1 つのコンピュータを共有しているような形態で利用させるという方法を取っていました．このようなコンピュータの利用方法を時分割共有といい，そのためのシステムを時分割共有システム(time sharing system，タイムシェアリングシステム)といいます．ここでは，遠隔地にある端末とコンピュータの間をデータ回線で結び，時分割共有サービスを受けられるようにしたのです.

3) UNIX は，MacOS X(テン)のベースとなった OS です．また複製や改変が自由なオープンソースソフトウェアとして配布されている Linux(リナックス)は，UNIX 互換の OS として開発されたものです．この Linux のカーネル(核となる部分)を土台に作られているのが，現在，スマートフォンに多く用いられる OS である Android(アンドロイド)です.

4) イーサネット(Ethernet)は，米国ゼロックス(Xerox)が開発したネットワークの技術規格で，現在でも，家庭やオフィスでコンピュータをネットワークに接続する際に広く用いられるものです.

その後，1983 年に ARPANET から軍事用のネットワークが分離され，ARPANET は研究者用として開放されます．一方，スーパーコンピュータの共同利用を目的に 1985 年に全米科学財団(National Science Foundation：NSF)によって設立された NSFNET(National Science Foundation Network)が，1987 年にスーパーコンピュータユーザ以外にも解放され，1989 年に ARPANET がその座を NSFNET にゆずる形で終息します．この時点で，接続コンピュータが 30 万台に達していた NSFNET は，翌年 1990 年に商用インターネット会社が設立され接続サービスを開始，研究以外のユーザに開放され，商用利用が始まりました．以上の経緯をおおまかにまとめたものが，表 5.1 です．

日本でのインターネットの曙は，1984 年の JUNET(Japan UNIX Network)の実験開始です．当時，東京工業大学[7] 総合情報処理センター教員だった村井純氏(2023 年現在，慶應義塾大学名誉教授)をリーダーとしたグループが，慶應義塾大学，東京工業大学，東京大学を UUCP(Unix to Unix Copy Program)プロトコルで接続したのが出発点です．その後，参加大学の増加を見ますが，当時は研究者のためのネットワークで，ボランティアベースで運営されていました．1986 年に，上記の村井純氏をリーダーとする WIDE(Widely Integrated

表 5.1 インターネットの歴史

年代	できごと
1967	DARPA(国防高等研究計画局)設立
1969	ARPANET 運用開始
1972	ARPANET に大学や研究所約 50 カ所が接続
1982	ARPANET，TCP/IP を標準通信規約として採用
1983	ARPANET，研究者用に開放される
1985	NSFNET，スーパーコンピュータユーザ以外にも解放される (接続コンピュータ約 30 万台)
1990	商用インターネット会社が設立され接続サービスを開始 一般ユーザに開放され，商用利用始まる

5) サンマイクロシステムズ社(Sun Microsystems，通称「サン」)は，現在はデータベースで有名なオラクル社(Oracle)に吸収合併されています．
6) 個人での利用を主とするパーソナルコンピュータ(PC)に比べて，数名から数十名程度の利用者を目的とした，高性能なコンピュータのことです．
7) 東京工業大学は 2024 年 10 月 1 日に東京医科歯科大学と合併し，東京科学大学に名称変更します．

表 5.2　日本のインターネットの黎明

年代	できごと
1984	JUNET 実験開始，参加大学は3大学(慶應大，東工大，東大)
1986	WIDE プロジェクト発足
1988	TCP/IP プロトコルによる3大学の接続
1989	慶應義塾大学湘南藤沢キャンパスとハワイ大学が接続 NSFNET と接続される

Distributed Environment)プロジェクトが発足し，広域大規模分散ネットワークの構築が始まります．1988年にTCP/IPプロトコルにより3大学が接続され，1989年に慶應義塾大学湘南藤沢キャンパスとハワイ大学が接続されることで，NSFNET とつながります．その後，WIDE は多くの商用ネットワークと接続し，日本のインターネットの中心的役割を果たしています．表5.2に，以上の経緯をまとめてあります．

5.2　現在のインターネットを支える技術にはどのようなものがあるのだろう？

5.1節で述べたように，現在のインターネットを支える技術の中核は，TCP/IP と呼ばれる通信プロトコルです．通信プロトコルについては，次の項目で詳しく見ることにして，ここではその他を押さえておきましょう．

インターネットはコンピュータ同士を通信回線で結んでできているシステムですから，もちろん，その要素には次のようなものが含まれます．

1)　コンピュータ
2)　通信経路
3)　ネットワーク制御装置

コンピュータについてはすでに第3章で見ましたので，ここでは省略しますが，現在のコンピュータや，タブレット端末，スマートフォンなどのほとんどはネットワークに接続して使用されるので，ネットワークインタフェースが標準的に搭載されています．デスクトップパソコンには，LAN ケーブル(イーサネットケーブル)を接続するためのソケットが標準装備されていますし，ノートコンピュータや他の携帯端末には無線LAN 装置が内蔵されています．

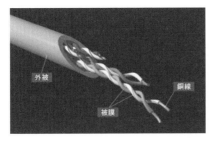

（a）撚り対線

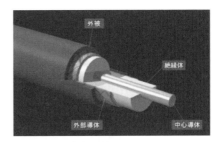

（b）同軸ケーブル

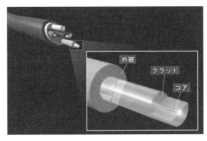

（c）光ファイバーケーブル

（画像提供）電子開発学園

図 5.1　撚り対線，同軸ケーブル，光ファイバーケーブル

　通信経路に使用される技術には，従来からのツイストペア（twisted pair cable，撚り対線）ケーブル[8] や同軸ケーブル[9] による通信用電線に加えて，光ファイバーケーブル[10] による高速通信が広く普及しています（図 5.1）．また，現在では，無線 LAN の普及と高速化が進み，携帯電話やスマートフォンが無線ネットワークを経由してネットワークに繋がるようになっています．

---

8)　電線を 2 本対（つい）で撚（よ）り合わせたケーブル．電線をより合わせることで，ノイズの影響を受けにくくすることができます．これらを束ねたものが，PC とネットワーク機器であるハブ（またはスイッチングハブ，ネットワークルータなど）との接続に広く用いられます．

9)　芯線である内部導体の周囲を，絶縁体，さらにその周囲を外部導体で覆い，外周をビニルなどの外部被覆で被ったもの．外部導体は，細い導線を網状に編んだものが使われることが多く，これが，電磁波の外部への漏れを防ぐシールド（遮蔽物）としての機能を持ちます．従来より，テレビのアンテナケーブルなど，映像信号の伝送用に広く用いられています．イーサネットの旧規格でも広く用いられました．

10)　ガラスやプラスチック製の芯線（光ファイバー）を被覆で覆ったケーブルによって光を伝えることにより通信を行います．電線に比べて，電磁気の影響を受けることなく，より細い信号線により，高速で大量の情報伝送が可能になることから，デジタル通信の標準的な伝送方式になっています．

　ネットワーク制御装置には，複数のネットワークを収容して，それらの間での経路制御を行う「ルータ(router)」と呼ばれる装置が重要です．

5.3　通信プロトコルとは何だろう？

　プロトコル(protocol)は，もともと「儀礼上のしきたり」という意味ですが，**通信プロトコル**というと，情報通信を行う際に従うべき通信手順や取り決めのことです．しばしば，「通信規約」と訳されます．通信における規約なので，コンピュータネットワークに限定されず，さまざまな通信に存在します．例えば，通常の公衆電話網[11]における電話による通信を考えてみてください．次のような「約束」に従うことで，電話による通信は成立します[1]．

1)　端末(電話機やFAX装置)はEIA(米国電子工業会)が定めた「カテゴリー1UTP」という規格に対応した「モジュラケーブル」により，電話網の接続口(モジュラジャック)に接続される．

2)　電話網の接続口には交換機から48Vの直流電源が供給される．

3)　端末の接続口には，10桁の唯一の番号(加入電話番号)が割り当てられる．

4)　プッシュ回線では，電話番号は697Hzや1477Hzなどの2つの音程の組合せによって作られる．

5)　通話中に第3者からの着信があった場合は，端末に着信信号を送出する(キャッチホン)，など

　これらはすべて公衆電話網を使って通信するときに従わなければならない規約，つまり通信プロトコルです．これを見ればわかりますが，通信プロトコルは，ハードウェアレベルから，通信を確立するための手順に関するもの，固有の通信サービスに特化したものなど，非常に多岐にわたります．電話ですらそうですから，コンピュータネットワークの通信プロトコルは，さまざまな要素を含む非常に複雑なものとなります．複雑なものへの対処法の常套手段として，第1章で取り上げた「階層化」があります．

　通信ネットワークが本格的な普及を始めた1980年代，国際標準化機構(ISO)が策定したOSI参照モデル(Open Systems Interconnection reference model,

---

11)　これはいわゆる「公衆電話」の電話網という意味ではなく，一般の固定電話からなる電話網という意味です．

開放型システム間相互接続参照モデル)は，通信プロトコルを7つの階層に分けて定義した参照モデルとしてよく知られています(図5.2)．ここでの「参照モデル」とは，プロトコルを設計する際の指針として参考とすべき基準であるということを意味しています．TCP/IP の規約は，この OSI 参照モデルとは独立に作られ，本文で述べたとおり，TCP/IP が 1982 年にコンピュータネットワークの標準通信規約として採用された頃には，TCP/IP の通信プロトコルの仕様はすでにほぼ固まっていて，その後，TCP/IP が急速に普及したため，OSI 参照モデルに準拠した通信プロトコルや製品は普及しませんでした．このような背景があって，TCP/IP の構造は，忠実に OSI 参照モデルに則している訳ではありません．

　しかし，OSI の階層モデルは通信プロトコルのような複雑なシステムを理解したり，新たに設計したりするうえでのガイドラインを提供してくれます．TCP/IP も，上述のとおり忠実に OSI 参照モデルに沿っている訳ではありませんが，やはり，階層的に構成されている点では同じです．そこで，ここでは OSI モデルについて，簡単に見ておくことにします．

　図 5.2 にあるように，最もハードウェアに近い下層から，アプリケーションソフトウェアに近い上層まで，7つの階層から構成されています．各階層は次のような規約を定めます．

1)　アプリケーション層

　　個々の通信サービス(アプリケーション)の規約を定める．例)メールの転送，ファイル転送，WEB アプリケーション(HTTP による通信サービス)など．

2)　プレゼンテーション層

　　データの表現についての規約を定める．例)文字列の表現方式など．

アプリケーション層
プレゼンテーション層
セッション層
トランスポート層
ネットワーク層
データリンク層
物理層

図 5.2　OSI のプロトコル 7 階層モデル

3)　セッション層

通信プログラム間でのセッションの開始から終了までの手順に関する規約を定める．例)接続が途中で切れた場合の回復の手順など．

4)　トランスポート層

ネットワーク上のノード(コンピュータやルータなどの通信機器)間の接続のための規約を定める．例)エラー訂正，再送制御など．

5)　ネットワーク層

ネットワークにおける通信ノード間のパケットの配送のための規約を定める．例)通信ノードのアドレス，通信経路の制御(ルーティング)など．

6)　データリンク層

直接接続される通信機器間の信号の送受の規約を定める．例)イーサネットなどの通信媒体上でのデータの送出における衝突の回避方法など．

7)　物理層

物理的な接続の規約を定める．例)コネクタの形状やピンの数など．

これらの各階層は，上位の階層からのサービス要求に応じ，下位の層に対して必要なサービス要求を行うことによって該当する機能を提供します．例えば，第4層のトランスポート層は，上位のセッション層からのサービス要求に応じ，下位のネットワーク層に対して必要なサービス要求を行います．

現在のインターネットにおいて，コンピュータ同士が通信するときに従うべき通信プロトコルの集合体が，TCP/IP と呼ばれるプロトコル群です．次項でこれについて見ていきましょう．

5.4　TCP/IP とは何だろう？

TCP/IP は以下の2つを含み，インターネットで用いられる標準的なプロトコル群を総称した名称です．

1)　TCP(Transmission Control Protocol)

全二重(双方向)の信頼性の高い(通信エラー修復の手続きをともなっているということ)通信路を提供する．

2)　IP(Internet Protocol)

コネクションレス(connectionless)なパケット(インターネット上で送受される情報の単位．データグラムとも呼ばれる)の配送手続きを定めるもの．

TCP/IP のプロトコル群を OSI 参照モデルに対応づける場合には，おおまかに TCP はトランスポート層よりも上位の層，IP はネットワーク層に対応すると説明されます．ただし，上述のとおり TCP/IP は OSI 参照モデルに準拠することが意図されて設計された訳ではないので，この対応づけはあくまでおおまかなものです．

インターネットは複数のネットワークをゲートウェイ [12] で互いに接続してできたネットワークの集合体です．異なるネットワークでは異なるハードウェア技術，例えば イーサネットなどの有線ネットワークや Wi-Fi などの無線ネットワークが使われているのが一般的です．IP は複数のネットワークをまたがってパケットの配送のメカニズムを定めるものです．TCP/IP は，非常に多くの規約からなるものですが，その中の最も重要な以下について，ポイントだけに絞って見ておきます．さらに詳しく知りたい人は，例えば第 5 章の参考文献 [2] を見てください．

1) IP アドレス
2) インターネットデータグラム
3) 経路制御（ルーティング）

5.5 IP アドレスとは何だろう？

インターネットに接続されているコンピュータ（以下，IP の伝統に従って「ホスト」と呼びます）は，それぞれ**インターネットアドレス（IP アドレス）**を持っています．IP アドレスには，従来から用いられている 32 ビット方式の IPv4 [13] と呼ばれる規約のものと，128 ビット方式の IPv6 と呼ばれる規約のものがありますが，ここでは，現在多く使われている前者のものを説明します．32 ビット方式の IPv4 においては，IP アドレスは 4 オクテット [14] から構成されます．通常，IP アドレスは，各オクテットをピリオド（"."）で区切った 10 進数で表記します．例えば，2 進数表記による

---

12) パケットを中継するコンピュータのことです．ルータとも呼ばれます．
13) Internet Protocol version 4 という通信プロトコルの略称です．
14) 8 ビット単位の情報を「オクテット」と呼び，通信プロトコルの分野でよく使われます．コンピュータの世界では，「8 ビット＝1 バイト」と呼ぶことが多いですが，以前はバイトという単位は 8 ビット以外のものに使われたことがあるため，8 ビットであることを明確にするために，特に通信の分野でバイトに代わってオクテットという語が使われます．

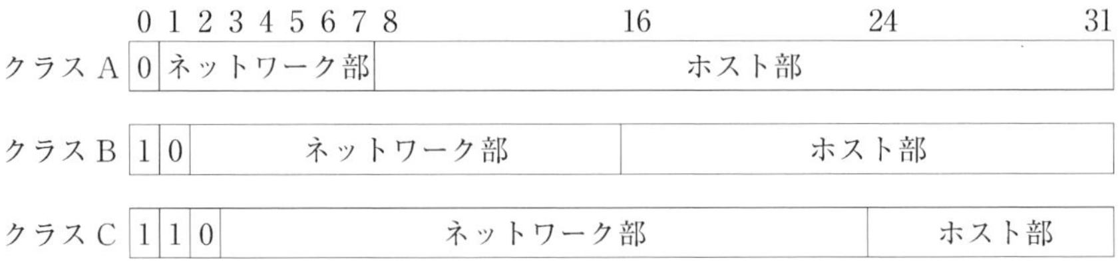

```
     0 1 2 3 4 5 6 7 8          16            24           31
```

クラス A	0 ネットワーク部	ホスト部

クラス B	1 0　　ネットワーク部	ホスト部

クラス C	1 1 0　　　ネットワーク部	ホスト部

(出典) Comer [2] をもとに筆者作成

図 5.3　IP アドレスの 3 つの基本形式

　　　　11001011　10001010　01111101　10000010

というアドレスは,

　　　　203.138.125.130

と表します.

　IP アドレスの 4 オクテットは, ネットワークを表す上位オクテット(ネットワーク部)と, ホストを表す下位オクテット(ホスト部)に分かれます. ネットワーク部とホスト部をどこで区切るかは, 基本的には次の 3 つのクラスに区別されて, それぞれ定められています(図 5.3).

① **クラス A**

　最上位オクテットが 1〜126 [15]. 下位 3 オクテットがホスト部. 1 つのネットワークに 2^{24} のホストが接続できる(正確には $2^{24}-2$. 後述する).

② **クラス B**

　最上位オクテットが 128〜191. 下位 2 オクテットがホスト部. 1 つのネットワークに $2^{16}-2$ のホストが接続できる.

③ **クラス C**

　最上位オクテットが 192〜223 [16]. 下位 1 オクテットがホスト部. 1 つのネットワークに 2^8-2 のホストが接続できる.

　ホスト部がすべて 0 のアドレスはネットワークそのものを表し, ネットワー

---

15) 最上位ビットに 127 を持つ 127.0.0.1 は, 自分自身を表す「ローカルループバック」用に使用されます. 通信相手が自分自身である場合には, 本来, アドレスは必要ないわけですが, このアドレスを用いることで, 自己ホスト上で動作するサービスとの通信が, 遠隔ホストとの通信と同様に行えるという利点があります.

16) 224〜239 は「マルチキャスト」と呼ばれ, パケットを複数のホストに対して転送するための方法に用いられます. 240 以上は将来の拡張のためリザーブされています. 224〜239 と, 240 以上とをそれぞれクラス D, クラス E と呼ぶこともあります. また, クラス A, B, C の中には,「プライベートアドレス」という特殊な使われ方をするアドレスがあります.

クアドレスと呼びます．このアドレスは慣習的にホストには割り当てられません．

　通常は各クラスのホスト部をさらにネットワークを表す上位ビットと，ホストを表す下位ビットに分けて使用します．このように，ネットワークアドレスのホスト部をさらに複数のネットワークに細分化することをサブネット化といい，細分化された一つひとつのネットワークをサブネットと呼びます．サブネット部までを含めたネットワーク部の上位ビットを1，ホストを表す下位ビットを0とした4オクテットをサブネットマスクと呼び，サブネット部とホスト部の区切りを表現するために用いられます．例えば，

　　　　　133.43.0.0

はクラスBのネットワークアドレスを表し，本来，上位2オクテットがネットワーク部，下位2オクテットがホスト部ですが，このアドレスをサブネット化し，下位2オクテットのうち上位9ビットをネットワーク部として用いる場合には，本来の上位2オクテットに加えて，さらに9ビットを含めた上位ビットを1とした，

　　　　　11111111　11111111　11111111　10000000

がサブネットマスク[17]となり，これをピリオドで区切った10進表記にすると，

　　　　　255.255.255.128

と表現されます．

　IPアドレスは多数のコンピュータの集合体からなるネットワーク上で，個々のホストを識別するための識別番号ですが，これまで見たように，単にコンピュータ（ホスト）に唯一の番号を振っているだけではないことがわかりま

---

17) 例えば，
　　　　　133. 43. 60. 228
　というIPアドレスを持つホストがあったとして，このホストのサブネットマスクが
　　　　　255.255.255.128
　を採用しているネットワークに接続されている場合，このホストのIPアドレスと，サブネットマスクとのビットごとの論理積をとることで，IPアドレスのネットワーク部を取り出すことができます．上記のホストのIPアドレスを2進数で表現すると，
　　　　　10000101　00101011　00111100　11100100
　となり，これにサブネットマスクの2進数表現
　　　　　11111111 11111111 11111111 10000000
　とのビットごとの論理積をとる（対応するビットが両方とも1のときのみ1とする）と，
　　　　　10000101　00101011　00111100　10000000
　となります．これが，このホストのネットワーク部，つまりこのホストが接続されているネットワークアドレス（ドットで区切った十進表記だと133.43.60.128）です．このように，サブネットマスクはホストのアドレスに対して，ネットワーク部を取り出すための「マスク」として使用され，後述する経路制御の判断に用いられます．

す．つまり，32 ビットからなるアドレス空間を，ホストの集まりからなる(サ
ブ)ネットワークを表す「ネットワーク部」という上位層(上位ビット)と，そ
の(サブ)ネットワーク内部でのホストを表すホスト部という下位層(下位ビッ
ト)の 2 階層に分けることで組織化しているのです．サブネットマスクは，32
ビット中のどこでこの 2 つの階層部分を区切るのかを表しているということに
なります．

　さらに，IP アドレスはホストのネットワークへの接続を表します(ホストの
ネットワークへの接続口を表す．個々のホストを表すものではない)．複数の
ネットワークにまたがって，複数の IP アドレスを持つホストが存在します．
このようなホストを，**マルチホームドホスト**(multi-homed host)といいます．
多くの場合，この種のホストはネットワーク間でパケットを中継する役割を持
ち，**ルータ**あるいは**ゲートウェイ**と呼ばれます．

　各サブネット(サブネット化していないときはクラス本来のネットワーク)に
は，そのサブネットに接続されているすべてのホストを宛先に指定できる広報
(ブロードキャスト)用の特別なアドレスが設けられています．これを**ブロード
キャストアドレス**といいます．通常ホスト部をすべて 1 にしたものが用いら
れ，このアドレスを宛先にしたパケットがサブネット上に送出されると，サブ
ネットに接続されているすべてのホストがそのパケットを受信するようになっ
ています．したがって，このアドレスは特定のホストには割り当てられませ
ん．ホスト部をすべて 0 にしたネットワークアドレスと合わせると，ホストに
割り当てられないアドレスが 2 つあることになります．これが上記の各クラス
で接続可能なホストの数において，2 を引く理由です．

5.6　インターネットデータグラムとは何だろう？

　5.5 節で解説したように，IP はパケット通信を採用した通信プロトコルです．
「パケット」とは，通信ネットワーク上で送受される情報の単位ですが，イン
ターネットでは**データグラム**と呼ばれます．IP では，データグラムの形式
(フォーマット)を図 5.4 のように定めています．

　以下，図にある各部のうち，重要なものについて説明します．

① 　TTL(Time To Live)

　送出元のホストからデータグラムが送信される際にある値(現在では 64 が推

0	4	8		16	19	24	31
バージョン	ヘッダ長	サービスタイプ		データグラム長			
ID				フラグ	フラグメントオフセット		
TTL（Time To Live）		プロトコル番号		ヘッダチェックサム			
発信元 IP アドレス							
宛先 IP アドレス							
オプション部						パディング	
データ							
...							

（出典）Comer [2] をもとに筆者作成

図 5.4　インターネットデータグラムのフォーマット

奨される）に設定されます．データグラムがゲートウェイを通過するたびに 1 ずつ引かれ，0 になったデータグラムは捨てられます．いわばデータグラムの寿命を表します．目的地に到達しないデータグラムが永久にネットワーク上で転送され続けることを防ぐ仕組みです．

② **発信元 IP アドレス**

　データグラムを送出するホストの IP アドレスです．

③ **宛先 IP アドレス**

　データグラム送出の宛先となるホストの IP アドレスです．

5.7　経路制御（ルーティング）とは何だろう？

　インターネットに接続されたホストは，経路制御のための情報を目的のホストや目的のネットワークへの経路の対応表の形で持っています．この表は**ルーティングテーブル**と呼ばれます．

　ルーティングテーブルによるルーティングの仕組みを簡単な例を用いて解説しましょう．ここではサブネットマスクをいずれも 255.255.255.192（下位 6 ビットがホスト部）としています．ここで想定している架空のネットワークトポロジー（ネットワークの接続形態）を図 5.5 に示してあります．

　図 5.5 にあるとおり，このネットワークでは 3 つのサブネット（ネットワーク 1，2，3）が，2 台のルータ（multi-homed host，図中のホスト C とホスト E）

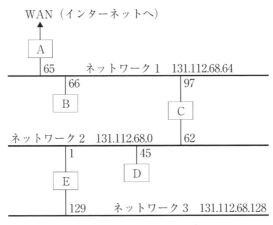

図 5.5　ネットワークトポロジーの例

によって接続される形態を取っています. ルータであるホスト C とホスト E
は, 2 つのサブネット間でデータグラムを中継する役目を持っています. ルー
タには専用の機器が用いられることが多いですが, 通常のコンピュータに複数
のネットワークインタフェースを搭載してルータ機能を持たせることもありま
す. また, ネットワーク 1 は別のルータ(図中のホスト A)を介して, 広域ネッ
トワーク(WAN：wide area network)と接続され, インターネットを含めた
外部のネットワークとつながっています.

　ホスト B のルーティングテーブルを簡略化して示したのが, 図 5.6 です.
ルーティングテーブルは, 基本的には目的地(destination)のネットワークアド
レスと, その目的地にデータグラムを配送する際のルータ(gateway)との対応
表です. 複数のネットワークインタフェースを持つホストの場合には, どのイ
ンタフェースからデータグラムを送出するのかがわかるよう, ネットワークイ
ンタフェース(interface)も示されます. 実際のルーティングテーブルには, こ
の図にある以外にも付随する情報を記載しますが, ここでは必要な情報のみを
示してあります.

　ホスト B が直接接続されているサブネットのアドレスは, 131.112.68.64 です.
このサブネットに接続されているホストが目的地の場合には, 直接そのホスト
のアドレスにデータグラムを送ることができます. ルーティングテーブルで該
当する行の Gateway の項目が*と記されているのは, 直接そのホストにデー
タグラムを送れることを意味しています. また, 目的のネットワークが

Destination	Gateway	Netmask	Interface
131.112.68.64	*	255.255.255.192	en0
131.112.68.0	131.112.68.97	255.255.255.192	en0
131.112.68.128	131.112.68.97	255.255.255.192	en0
default	131.112.68.65		en0

図5.6　ルーティングテーブルの例

131.112.68.0 の場合には，アドレス 131.112.68.97 へデータグラムを送ることが記されています．図5.5 からわかるとおり，ホストBからネットワーク2にデータグラムを送るには，ホストCを中継しなければなりませんから，131.112.68.97 のアドレスにデータグラムを送ればいいわけです．ネットワーク3（ネットワークアドレス 131.112.68.128）に送る場合にも，同じく 131.112.68.97 にデータグラムを送ればいいことが，このルーティングテーブルからわかります．

　以下では，3つの場合を想定してルーティングがどのような仕組みで行われ，データグラムが目的の宛先に送られるかを例を使って見ていきます．

5.7.1　例1−同一ネットワーク内でのデータグラムの送信

ホストB（131.112.68.66）→ホストC（131.112.68.97）

1)　目的の相手が自分と同一のネットワーク上にあるかどうかは，自分のアドレスと，相手のアドレス，サブネットマスクの3つの情報からわかる．具体的には，次のようにすればよい．

　　ホストBは，自分のIPアドレスが1つ（131.112.68.66）であり，サブネットマスクが 255.255.255.192 であることから，自分の接続しているネットワークアドレスが，131.112.68.64 であることを知る（マスクをかける．脚注17参照）．これより，自分と同一のネットワークのアドレス範囲が，131.112.68.65〜131.112.68.126 であることがわかる．

2)　目的地のアドレス 131.112.68.97 がこの範囲に入っているから，目的のホストが自分と同じネットワーク上にあることを知る．そこで，ルーティングテーブルに指定のあるインタフェース en0 から，直接目的のホストCにデータグラムを送る．

5.7.2　例 2 －マルチホームドホストからのデータグラムの送信

ホスト C（131.112.68.97, 131.112.68.62）→ホスト B（131.112.68.66）

3)　ホスト C は，自分の 2 つの IP アドレスとそれぞれのサブネットマスク（いずれも 255.255.255.192 とする）から，それぞれのサブネットのアドレス範囲が，131.112.68.65〜131.112.68.126，131.112.68.1〜131.112.68.62 であることを知る（例 1 の場合と同じ方法を用いればよい）.

4)　目的地のアドレス 131.112.68.66 が前者の範囲に入っているから，前者のアドレスを持つネットワークインタフェースから，直接目的のホスト B にデータグラムを送る.

5.7.3　例 3 －ルータを越えてのデータグラムの送信

ホスト B（131.112.68.66）→ホスト D（131.112.68.45）

5)　ホスト B は，自分の IP アドレスが 1 つ（131.112.68.66）であり，サブネットマスクが 255.255.255.192 であることから，自分と同一のネットワーク上のアドレス範囲が，131.112.68.65〜131.112.68.126 であることを知る（例 1 の場合と同じ）.

6)　目的地のアドレス 131.112.68.45 がこの範囲に入っていないことから，ルーティングテーブルの目的のホストのネットワークアドレス（131.112.68.0）のエントリを探す.

7)　該当するエントリ（131.112.68.0）が見つかるので，テーブルで示されているルータ（131.112.68.97）へデータグラムを送る.

8)　データグラムを受け取ったホスト C は，例 2 と同じ方法でホスト D へ経路を判断し，データグラムを送る.

例 3 と同様に，ルータを超えてのデータグラムの送信が発生した際，目的のホストのネットワークアドレスに該当するエントリ見つからない場合は，デフォルト（図 5.6 の default）のエントリに指定されたルータへデータグラムを送ります．コンピュータをネットワークに接続する際のネットワーク設定においてゲートウェイの指定を行うのは，このデフォルトルータのエントリをルーティングテーブルに設定しているのです.

ネットワークトポロジーは，ルータの変更や新たなネットワークの追加によって日々変動することがあります．その際，ルーティングテーブルをどのように維持／更新していくのかが問題になります．この目的のために，動的に

ルーティングテーブルを更新していく仕組み(RIP：Routing Information Protocol)があります．これについては本書の範囲を超えるので省略しますが，詳しく知りたい人は例えば第5章の参考文献［2］を見てください．

練習問題

5-1 IPアドレスを用いて，ネットワーク上のホスト(コンピュータ)を識別できるが，1つのコンピュータ上では通常複数のアプリケーションプログラムが動作し，それぞれネットワークを介して外部のアプリケーションと通信する場合がある．例えば，1つのマシン上でSkypeを使って会話をしながら，Webブラウザを使ってWebサイトにアクセスしたりする場合を想像すればよい．この場合，1つのコンピュータ上で動作している複数のアプリケーションのうち1つを通信相手として識別するための仕組みが必要である．TCPにおいてこの識別のために用いられる番号のことを何というか？(第4章4.2節の記述も参考にしてください.)

5-2 ネットワーク上で提供される各種の通信サービスにおいては，ユーザからのサービス要求に応じて通信サービスを提供するコンピュータ，あるいはアプリケーションソフトウェアを「サーバ」と呼び，サーバに対してサービスの要求を行うコンピュータ，またはアプリケーションソフトウェアを「クライアント」と呼ぶ．このように，ネットワーク上の通信サービスを，サーバとクライアントとの接続によって実現するというソフトウェアモデルを，**クライアント・サーバモデル**と呼ぶ．現在，インターネット上で通信サービスを提供する代表的なサーバ名(サービス名，ソフトウェア名)をあげよ．(第4章4.2節の記述も参考にしてください.)

5-3 サブネットマスクを表記する方法として，4オクテットの上位何ビットがネットワーク部かを，IPアドレスの末尾に"/(スラッシュ)"とともに十進数の整数で付記する方法がある．例えば，

　　　　133.43.60.228/25

と書いた場合，クラスBのIPアドレス

　　　　133.43.60.228

第 5 章　情報ネットワーク

の 4 オクテットのうち上位 25 ビットがネットワーク部であることを表す．したがって，このホストが接続されているネットワークアドレスは，

　　　　133.43.60.128

であることがわかる．また，このサブネットで使用されているサブネットマスクをドットで区切った十進表記で表すと，

　　　　255.255.255.128

となる．

　下記のアドレスのそれぞれについて，

　①　アドレスのクラス

　②　ネットワークアドレス

　③　ドットで区切った十進表記によるサブネットマスク

を求めよ．

　(1) 17.254.0.50/18　　(2) 131.112.68.97/26　　(3) 203.138.125.130/24

5-4　図 5.5 にあるホスト C のルーティングテーブルは次のようになっている．ここで，en0 と en1 は，それぞれホスト C がネットワーク 1 とネットワーク 2 に接続されているインタフェースを表している．ホスト B のルーティングテーブルである図 5.6 を参考に，空欄【1】～【4】を埋めよ．

Destination	Gateway	Netmask	Interface
131.112.68.0	(　【1】　)	255.255.255.192	en1
131.112.68.64	(　【2】　)	255.255.255.192	en0
131.112.68.128	(　【3】　)	255.255.255.192	(【4】)
default	131.112.68.65		en0

第 5 章の参考文献

[1]　米田正明：『電話はなぜつながるのか』，日経 BP 社，2006 年．
[2]　Douglas E. Comer 著，村井 純ほか訳：『TCP/IP によるネットワーク構築 Vol.1 原理・プロトコル・アーキテクチャ』，第 4 版，共立出版，2002 年．

情報システムの開発

　これまでは，情報システムの要素技術である，コンピュータシステム，データベースシステム，情報ネットワークについて学んできました．本章では，これらの知識を使って，実際に情報システムをどのようにして設計，開発するのかについて学びます．

6.1　情報システムの開発方法にはどういったものがあるのだろう？

　多くの場合，「情報システム」あるいは，「経営情報システム」の開発や導入は，企業や自治体などの経営の改善をめざして行われ，大規模なプロジェクトとして，多くの費用をかけて実行されます．したがって，そのプロジェクトには多くの人間が関わり，導入後のシステムからは多くの関係者がその影響を受けます．ですから，情報システム導入のプロジェクトを効果的に，しかも失敗のリスクを少なく進めるためにはどうすればいいかというのは重要な問題です．精密機械や電気機器のような工業製品の設計に設計法があり，土木工事のような大規模なプロジェクトに方法論があるように，情報システムの開発にもその理論があります．

　ただし，情報システムを取り巻く技術はその進歩が早く，それに合わせて情報システムそのものに求められる機能についても変化が激しいため，情報システム開発のための方法論も，これまで多くのものが提案され，変化の波にさらされながら改良が進んできています．したがって，唯一の正解があるわけではなく，具体的なシステムの規模やプロジェクトの特徴に合わせて，その都度，適したものが選ばれて使われるというのが実情です．

　現在，情報システムの設計・開発法の分類として，表6.1にあるようなアプローチがよく知られています

表 6.1 情報システムの設計・開発法の分類と特長

分類	仕様	工程*	デリバリー	目標
予測型アプローチ (逐次型アプローチ)	固定	1回	1回	コストの マネジメント
反復型アプローチ	動的	工程を反復	1回	ソリューション の適切さ
漸進型アプローチ	動的	プロセスを反復	複数回	スピード
アジャイルアプローチ (適応型アプローチ)	動的	反復	複数回	顧客価値

* 「工程」は開発を構成する個々の作業(仕様設計やプログラミングなど)のこと.「プロセ
　ス」は要求定義からテスト／運用までの一連の作業の総称.
(出典) アジャイル実務ガイド [1] をもとに筆者作成

　表 6.1 にあるように,情報システムの設計・開発法の分類は,大きく**予測型
アプローチ**,**反復型アプローチ**,**漸進型アプローチ**,**アジャイルアプローチ**の
4つに分けられます.予測型アプローチは,古くからある一般的なアプローチ
です.ほとんどのことを事前に計画し,各工程を1回ずつ順番に処理します.
このように少ない工程数で実施できるのでコストを抑えられます.また,この
アプローチの特長から逐次型アプローチともいわれます.次の反復型アプロー
チは,各工程でソリューションの適切さを確認しながら進めるアプローチで
す.顧客が各工程の終わりに成果物を確認し,フィードバックが良好になるま
で,同じ工程を繰り返して成熟度を高めてから次の工程に進みます.続く漸進
型アプローチは,顧客へのデリバリーを重視したアプローチです.仕様をいく
つかに分割して,できたところからデリバリーすることで,顧客は早期からプ
ロダクトを使用することができます.顧客の仕様変更にも比較的柔軟に対応す
ることができます.最後のアジャイルアプローチは,反復型アプローチと漸進
型アプローチの良いところをミックスしたようなアプローチをしています.顧
客との対話を通じて,各工程の成熟度を高めつつ,頻繁にデリバリーを繰り返
すので,顧客は早期からプロダクトを使用することができます.このようにア
ジャイルアプローチは顧客重視のアプローチといえます.
　では,この4つの分類は,どのようなケースで用いられるのでしょうか.こ
の問いに答えるには,仕様の変更とデリバリーの度合いに着目すると良いで
しょう.まず,ほとんどのことを事前に計画しており仕様の変更が起こらず,

各工程を 1 回ずつ順番に処理すればよい場合は，予測型アプローチが適しています．また，仕様に不確定要素があるため，顧客と協議しながら各工程の成熟度を高める必要があるが，デリバリーは最終の 1 回でよい場合は，反復型アプローチが適しています．次に，顧客がデリバリーをできるだけ早くしてほしいと望んでいる場合，仕様をいくつかに分割して複数回にわけてデリバリーする方法として，漸進型アプローチが良いでしょう．最後に顧客がデリバリーをできるだけ早くしてほしいと望んでいるが，仕様に不確実性がある場合は，アジャイルアプローチが適しています．

　現在，情報システムの設計・開発法として，表 6.2 にあるような方法がよく知られています．

　表 6.2 にあるように，主な情報システムの設計・開発法として，予測型アプローチでは，古くからある一般的なウォーターフォールモデルと自動車業界で用いられている V モデルがあります．次の反復型アプローチでは，試作を顧客と共有してソリューションの適切さを確認するプロトタイピングがあります．続く漸進型アプローチでは，できたところからデリバリーする漸進型ウォーターフォールモデルと自動車業で用いられる漸進型 V モデル，そして仕様に不確実性がある場合にも対応できるスパイラルモデルがあります．最後にアジャイルアプローチでは，テスト駆動型開発とスクラムがあげられます．さらにどれにも属さないものとして形式アプローチという方法があります．

　以下では，これらの方法について大まかに見ていきましょう．

表 6.2　主な情報システムの設計・開発法

分類	システム設計法・開発法(代表例)
予測型アプローチ (逐次型アプローチ)	• ウォーターフォールモデル • V モデル
反復型アプローチ	• プロトタイピング
漸進型アプローチ	• 漸進型ウォーターフォールモデル • 漸進型 V モデル • スパイラルモデル
アジャイルアプローチ (適応型アプローチ)	• テスト駆動型開発 • スクラム
その他	• 形式アプローチ

6.2　予測型アプローチとは何だろう？

　情報システムの開発は，通常，顧客からの依頼を受けた開発者が，顧客からあらかじめ与えられた要求にしたがってシステムを作ります．各工程の流れは，顧客の要求を取りまとめる「要求定義」から始まり，システムの機能を取り決める「仕様設計」，システムの内部構造を取り決める「デザイン」，システムの機能を作り込む「プログラミング」，システムの機能を確認する「テスト」という経過をたどります．その後は，システムを実際に使用する「運用」に移っていきます．

　このように，人が生まれてから死ぬまでの流れを示すかのように，情報システムの開発工程について，最初の「要求定義」から最後の「運用」まで全体を1つの開発プロセスと捉える考え方を称して**システム開発ライフサイクル**（SDLC：Systems Development Life Cycle）と呼びます．しかもそれらを，今述べたような順番に沿って段階的に行うのが**予測型システム設計法**と呼ばれる方法です．以下では，予測型システム設計法の代表としてよく知られたいくつかの方法について見ていきましょう．

6.3　ウォーターフォールモデルとは何だろう？

　この設計・開発法の特徴は，図 6.1 にあるように，システム開発の個々の工程が明確に切り分けられ，上流である前の工程から下流である次の工程へ，水が流れるように作業が進められるところにあります．

　ウォーターフォールモデルは，Royce 型ウォーターフォールモデル[2] が原型です．Royce 型ウォーターフォールモデルの特徴は，各作業工程の上流へのフィードバック・ループにあります．フィードバックとは，下流工程で問題が発生したとき，1つ上流の工程に戻って修正することをいいます．上流から下流への通常の流れと，下流から上流への逆向きの流れが繰り返されることから，フィードバック・ループと呼ばれます．米国国防総省は，Royce の論文を基に，調達標準 DOD-STD-2167[3] をリリースし，ウォーターフォールモデルを広めました．しかし，DOD-STD-2167 型ウォーターフォールモデルでは，Royce 型ウォーターフォールモデルで用意されていた「フィードバック」が削除されていました．**現在広まっているウォーターフォールモデルは，このよう**

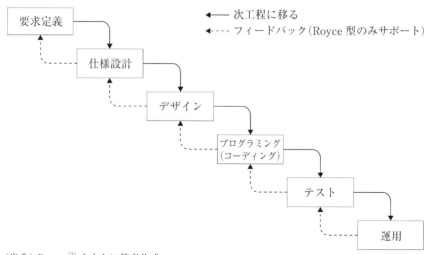

（出典）Royce [2] をもとに筆者作成

図 6.1 ウォーターフォールモデル

に上流への逆戻りを想定しない DOD-STD-2167 型です．後述するように，この「上流への逆戻りを想定しない」ことが，ウォーターフォールモデルの欠点として後から指摘されることになります．詳しくは，第 6 章の参考文献 [2][3] を参照してください．

　以下では，図 6.1 に示されている各工程について簡単に説明しましょう．

6.3.1　要求定義

　要求定義とは，顧客が製品に求める機能群を定義する工程です．導入しようとする情報システムについて，どのような機能が必要なのか，どのような問題の解決を目的とするシステムなのかを明確にして，開発に関わるメンバーの選定，開発業者の決定，システム開発の期間や予算を決定します．ここで最も重要なことは，情報システムに求められる機能や性能を，顧客側の要求として明確化することです．この作業の結果は要求仕様書にまとめられて，次の仕様設計の工程に渡されます．

6.3.2　仕様設計（外部設計）

　仕様設計とは，要求される機能群をソフトウェアで実現可能な仕様に落とし込む工程です．要求定義にもとづいて，システムの詳細を決定します．仕様設

計のことを，システムの外枠を規定する工程という意味で外部設計と呼ぶこともあります．この作業では，システムとユーザとの間のインタフェースや，データファイルの論理構成，実際の業務の中でのシステムの使用の流れである業務フローなどが決定されます．この作業の結果は仕様設計書にまとめられて，次のデザインの工程に渡されます．

6.3.3　デザイン（内部設計）

　デザインとは，仕様を実際のソフトウェアで実現するためにソフトウェアアーキテクチャなどのソフトウェア構造として規定する工程です．デザインのことを，システムの内部を規定する工程との意味で内部設計と呼ぶこともあります．この作業では，データストレージにどのような装置を使用するのかといった物理設計や，データの入出力形式のレイアウト，処理のアルゴリズムなどが決定されます．この作業の結果はデザイン設計書にまとめられて，次のプログラミングの工程に渡されます．

6.3.4　プログラミング（コーディング）

　プログラミングとは，実際にソフトウェアを記述する工程です．デザイン設計書にもとづいて，実際のプログラムを作成します．プログミングのことを，プログラムコードを書くという意味でコード化，あるいはコーディングと呼ぶこともあります．大規模な情報システム開発では，作成すべきプログラム全体を，独立性の高いいくつかのモジュールと呼ばれる単位に分割して，モジュール単位でプログラミングを行います．

6.3.5　テスト

　テストとは，作成されたソフトウェアの機能を確認する工程です．プログラミング段階で作成されたモジュールが結合されて，プログラム仕様書どおりにシステムが動作するかどうかの検証を行います．検証すべきテスト項目は，性能，機能，安全性，障害回復など多岐にわたることが多く，通常，どのような検証を行うべきかは，設計段階で決めておきます．システムの運用後に大規模な障害が起こり，復旧に手間取ると大きな損害を生むことがありますし，セキュリティ上の欠陥が発見されないまま運用されることで，ユーザやその顧客の財産やプライバシーが脅かされるような事態になりかねません．開発側には

このような事態を避けるべく適切なテストを行う義務があります．したがっ
て，ここでのシステムテストは非常に重要です．

6.3.6　運用

　運用では，開発したシステムを実際に稼働させ，システムの評価が行われま
す．この段階では，開発者から顧客へのシステムの導入と引き渡し，ユーザマ
ニュアルなどのドキュメントの作成，ユーザの教育や運用後のシステムの保守
などが含まれます．また，計画段階で想定されたシステム導入の目的が十分に
達成されたかどうかが評価され，その結果は，後のシステムの改編や更新，次
期システムの導入の際に利用されます．

6.4　Ｖモデルとは何だろう？

　DOD-STD-2167 型ウォーターフォールモデルをもとに，1992 年 8 月，ドイ
ツ連邦政府はＶモデル[4][5]を発表しました．この設計・開発法は，ウォー
ターフォールモデルにとても近い形態をしていますので，別名Ｖ型ウォー
ターフォールモデルと呼ぶこともあります．このモデルの特徴は，図 6.2 にあ
るように，各工程の配置がプログラミングを底辺とするＶ字型になっている
こと，そして，テストがソフトウェアテスト，ユニットテスト，システムテス
トに細分化されて，プログラミング以前の工程との結びつきが明確に示されて
いるところにあります．なお，**コーディング以前を上流工程，プログラミング
以後を下流工程**と呼ぶことがあります．詳しくは，第 6 章の参考文献［4］［5］
を参照してください．

　情報システムの開発では，ソフトウェアへの要求と仕様を的確に定義し，こ
れを製品の中に確実に作り込むことが重要です．つまり，完成したシステムと
ソフトウェアの機能に関して，下流工程の各テスト項目が，上流工程で定義し
た要件と仕様のどの項目を確認するものなのかが追跡できなければなりませ
ん．この考え方を称して**トレーサビリティ**と呼ぶこともあります．Ｖモデルは，
ウォーターフォールモデルに比べて高いトレーサビリティを得ることができま
す．

　以下では，図 6.2 に示されている各工程で新たに加わったものについて，簡
単に説明しましょう．

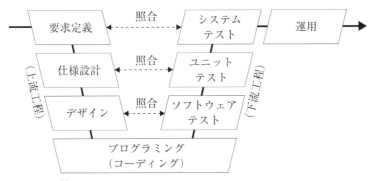

（出典）ISO 12207 [5] をもとに筆者作成

図6.2　V モデル

6.4.1　ソフトウェアテスト

デザイン工程（上流工程）で作成したデザイン設計書をもとに，ソフトウェア内部の動きについて，さまざまな入力に対して意図したとおりに動作しているのか確認するテストです．通常は，ソフトウェアデザインアーキテクチャを理解した技術者がテストを行います．

6.4.2　ユニットテスト

仕様設計工程（上流工程）で作成した設計仕様書をもとに，ソフトウェアの機能について，さまざまな入力に対して意図したとおりの出力が得られるのか確認するテストです．通常は，品質保証部のテスト専門の技術者がテストを行います．

6.4.3　システムテスト

要求定義工程（上流工程）で作成した要求仕様書をもとに，システムの機能について，さまざまな入力に対して意図したとおりの出力が得られるのか確認するテストです．通常は，品質保証部のテスト専門の技術者や一般のユーザがテストを行います．つまり，開発したシステムについて，顧客の要求に対して，相応の機能が提供できているのか確認する重要なテストです．

6.5　予測型アプローチの問題点は何だろう？

　これまで述べたように，予測型システム設計法の特徴は，システム開発の個々の工程が明確に切り分けられ，上流である前の工程が終了すると，その結果が仕様書や設計書などのドキュメントの形で次の工程へ渡されるところにあります．したがって，この方法は，開発すべき情報システムの機能や目的，求められる性能などがあらかじめ明確にわかっていて，きれいに構造化できるようなシステムに向いています．銀行のオンラインシステムや，航空機の管制業務に使用されるシステム，製鉄所の生産プロセスの管理システムなどはその代表です．しかし，経営上の意思決定支援を目的としたシステムなどにおいては，システム開発の最初の段階では顧客が情報システムに何を求めるのか，あるいは顧客が情報システムの導入によって解決しようとしている問題が何なのかを明確に把握できていないということがよく起こります．

　ウォーターフォールモデルでは，システムが動くようになるまで，つまり図6.1におけるテストの段階になるまで，実際のシステムの振舞いがユーザには見えにくいため，テストの段階になって「我々が求めている情報システムは，このようなものではない」といった不満が顧客から出てくることが起こりかねません．すると，もう一度，計画や設計の段階に立ち返って検討をやりなおす必要が出てきます．このような上流段階への後戻りのことを「手戻り」といいます．本来のウォーターフォールモデルが想定していない作業です．手戻りが発生すると，再度，計画や設計の作業をやり直すことになり，システム開発のスケジュールの遅延や，開発コストの上昇を招くことになります．

6.6　反復型アプローチとは何だろう？

　予測型アプローチを代表するウォーターフォールモデルは，米国国防総省の調達標準に指定され，広く用いられるようになりました．しかし，ウォーターフォールモデルは，前工程での不具合を修正する仕組みを示していなかったため，ウォーターフォールモデルを適用したプロジェクトで，日程超過，品質低下の問題が多発していました．また，Ｖモデルも同様に，前工程での不具合を修正する仕組を示していなかったので，その問題を解決する手段とはなりえませんでした．そこで，この弱点を克服する方法として考案されたのが，反復

型アプローチです．

　反復型アプローチは，各工程でソリューションの適切さを確認しながら進めるアプローチです．顧客が各工程の終わりに成果物を確認し，フィードバックが良好になるまで，同じ工程を繰り返して成熟度を高めてから次の工程に進みます．反復型アプローチの手順に沿って行う設計方法を反復型システム設計法と呼びます．

　図6.3は反復型システム設計法の簡単な例です．ここでは2種類の反復型のサブプロセスを示しています．1つ目は仕様設計の内容をプロダクトのデザインに落とし組むサブプロセス1です．ここではでき上がったデザインを顧客に確認してもらいイメージどおりのデザインなっているか，さらなる改善点はないかなどの確認をしてもらいます．そして，顧客の意見を仕様設計に取込んで再度デザインを修正する作業を繰り返します．ここでは次節で紹介するプロトタイピングの手法が用いられることがあります．2つ目はでき上がったプロダクトをテストするサブプロセス2です．ここではでき上がった機能やサービスを顧客に使用してもらい要求通りの動作になっているかなどの確認をしてもらいます．

　以下では，代表的な反復型システム設計法の代表としてよく知られたプロトタイピング設計法について見ていきましょう．

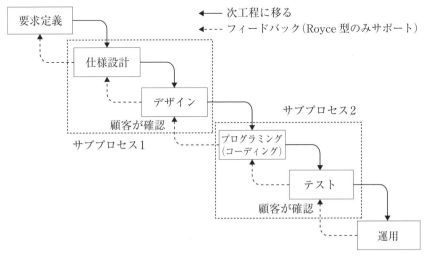

図6.3　反復型システム設計法の例

6.7　プロトタイピング設計法とは何だろう？

　システム開発の初期段階で，システムの振舞いをユーザにデモンストレーションするための試作品(プロトタイプ)を作成し，ユーザと開発者の間で，システムに求められる性能や機能の認識を共有しよう，という考えが生まれました．これをプロトタイピング設計法といいます．つまり，プロトタイピング設計法は，図6.4にあるように，システム開発の最初の要求定義の段階において，実際に動作する試作品によるデモンストレーションをユーザや顧客に提供するプロセスを含むよう，前述のウォーターフォールモデルを修正したものです．

　図6.4中の「要求定義」において，ユーザや顧客から得られた要求仕様書にもとづき，特に，ユーザからシステムが直接見えるインタフェース部分を実装した試作品(プロトタイプ)を作成して，ユーザからのフィードバックに沿って要求定義を修正するという手続きを何度か繰り返します．これにより，ユーザや顧客と開発者の間でコミュニケーションが図りやすくなり，システムのイメージや要求に関して共通認識を持つことを狙います．ユーザインタフェースの出来不出来は，ユーザにとってシステムの使いやすさや目に見える機能に直結するものですので，このようにシステム開発の初期の段階で問題を潰しておくことにより，ウォーターフォールモデルの問題点であった手戻りを避けることができるというものです．

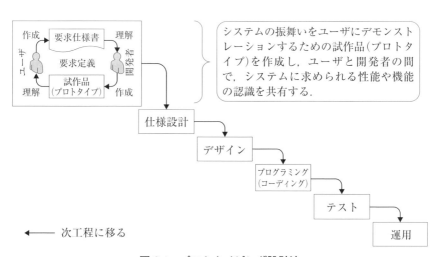

図6.4　プロトタイピング設計法

　このプロトタイピング設計法の根底にある考えには，「ユーザの要求は曖昧であり，システム開発の初期には明確化しにくい」という前提があります．情報システム導入の目的が，経営上の問題の解決や意思決定の高度化にある場合，顧客が情報システムに求めるものは，顧客の問題の認識や個々の顧客の直面している状況によってその都度変わります．しかし，顧客が自分自身の問題を十分に把握できておらず，情報システムに何を求めているのかが非常に曖昧であることは珍しくありません．そのような場合，プロトタイプの評価を通じて，システムの振舞いを可視化することによって，顧客の問題の明確化や，システムに対する要求に関して「気付き」を促すことが期待できます．詳しくは，第6章の参考文献［6］［7］を参照してください．

6.8　プロトタイピング設計法の問題点は何だろう？

　プロトタイピング設計法の問題点は，試作段階でユーザに提示されるシステムが「試作品」であって，最終製品とは異なることに集約されます．多くの場合，プロトタイプによって確認されるのは，ユーザから直接見えるインタフェースの部分に限られるため，システムの処理速度などの性能面や，信頼性，保守性といった面の評価は試作段階では行われません．こういった面で，最終製品が必ずしも顧客の満足いくものとはならない可能性があります．したがって，プロトタイプによって確認しづらい部分に関しては，ウォーターフォール型システム設計法の場合と同様に，計画段階で要求定義の形に明確化しておく必要があります．

6.9　漸進型アプローチとは何だろう？

　予測型システム設計法では，前工程での不具合を修正する仕組みを示していなかったので，日程超過，品質低下の問題が多発していました．次にこの問題を解決する手段として，反復型システム設計法が考案されました．この設計法は，仕様定義の成熟の側面において，一定の成果をもたらしましたが，上述の問題を解決するまでには至りませんでした．そこで，この弱点を克服する方法として考案されたのが，漸進型アプローチです．

　漸進型アプローチは，機能要求をいくつかの部分に分割して反復しながら機

表 6.3 漸進型システム設計法における仕様分解の考え方とその代表的な設計・開発法

仕様分解の考え方	設計・開発法
インクリメンタルモデル	漸進型ウォーターフォール 漸進型 V モデル
エボリューショナルモデル	スパイラルモデル

能や品質を洗練し，それを段階的に全体に統合していく手法です．漸進型アプローチの手順に沿って行う設計方法を漸進型システム設計法と呼びます．

　漸進型システム設計法の利点は主に3つあります．まず，要求定義が完了している部分から随時開発が進められるので，早期に開発業務が始められるなどの柔軟な運用ができることがあります．次に，システムの完成した箇所から，随時，実際のシステムの振舞いをユーザに見せることができるので，システムの完成度が高めやすいことがあります．最後に，テスト段階で仕様の不具合が見つかった場合，次の繰り返しで改善できるので手戻りが発生しにくいことがあります．

　漸進型システム設計法の仕様分解の考え方は，インクリメンタルモデルとエボリューショナルモデルに大別することができます．表6.3に，漸進型システム設計法における仕様分解の考え方とその代表的な設計・開発法を示します．

　インクリメンタルモデルは，主に仕様が明確に規定できる場合に用いられます．インクリメンタルモデルは，仕様を全部一度に実現するのではなく，複数回に分け，順次実現していくアプローチを取ります．次のエボリューショナルモデルは，仕様に不確定要素が多い場合に用いられます．エボリューショナルモデルは，要求を全部一度に実現するのではなく，複数回に分けて実現し，プロトタイピングにてでき栄えを評価しながら要求を明確化していくアプローチです．

　以下では，それぞれの設計・開発法について大まかに見ていきましょう．

6.10　漸進型ウォーターフォールモデルとは何だろう？

　1994 年，米国国防総省は，漸進型システム開発法に適合した調達標準 MIL-STD-498 [8] をリリースし，漸進型ウォーターフォールモデルを提唱しました．

このモデルでは，インクリメンタルモデルを用いています．つまり，このモデルの特徴は，要求定義を随時行い，ウォーターフォールモデルの工程を繰り返すところにあります．

　図6.5は，漸進型ウォーターフォールモデルにおいてウォーターフォールサイクルを2回繰り返した例です．まず，現状にて確定可能な要求定義を行います．この例では，全体の60%の要求定義を行っています．そして，その仕様設計とデザインを行い，それらに関するプログラミングとテストを行います．テストにて不具合が発見された場合，小規模または容易であればすぐに修正しますが，大規模または困難な場合は，次の繰り返しにて修正を行う手配をします．次に，繰り返し2回目にて，残りの要求定義を行います．この例では，残りの40%の要求定義を行っています．また，必要であれば，前回のサイクルで見つかった不具合の修正も行います．そして，その仕様設計とデザインを行い，それらに関するプログラミングとテストを行います．テストにて不具合が発見された場合，小規模または容易であればすぐに修正しますが，大規模また

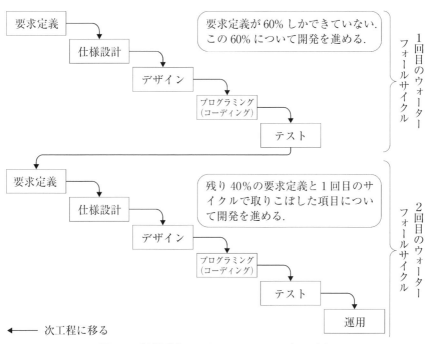

図 6.5　漸進型ウォーターフォールモデルの例

は困難な場合は，さらに次の繰り返しにて修正を行う手配をします．詳しくは，第6章の参考文献［8］を参照してください．

6.11　漸進型 V モデルとは何だろう？

　1997年，ドイツ連邦政府は，米国国防総省の MIL-STD-498 をもとに，漸進型 V モデル（V-Model 97）[9] を提唱，さらに，その進化版の漸進型 V モデル（V-Model XT）[10] を 2005 年に提唱しています．このモデルでは，漸進型ウォーターフォールモデルと同様に，インクリメンタルモデルを用いています．図6.6 に漸進型 V モデル（V-Model 97）を示します．

　このモデルでは，システムテスト後に要求定義に戻り，ソフトウェア開発を繰り返すパスが用意されています．詳しくは，第6章の参考文献［9］［10］を参照してください．

6.12　スパイラルモデルとは何だろう？

　結局，顧客の要求に曖昧さが残る場合，ユーザインタフェースの部分に限定したプロトタイピングでは，ウォーターフォール型システム設計法が持っていた問題点を十分に解決できないことがあります．この反省にもとづき，Boehmのスパイラルモデル [11] が生まれました．このモデルは，仕様分解の方法にエボリューショナルモデルを用い，プロトタイピングを繰り返して，仕様や性能

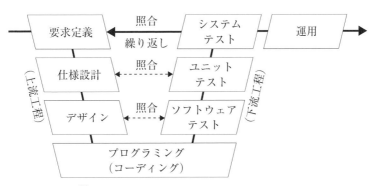

（出典）V-Model 97 型 [9] をもとに筆者作成

図6.6　漸進型 V モデル

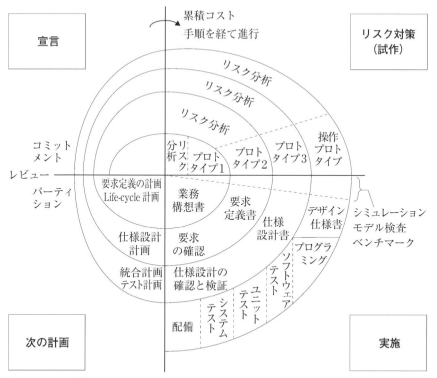

(出典) Boehm [11] をもとに筆者作成

図6.7　スパイラルモデル

に関する不確定要素を取り除きながら製品の成熟度を高めるモデルです.

　図6.7に示すように,スパイラルモデルは,宣言,リスク対策,実施,次の計画を行う4つの象限[1]があり,プロセスはこの中を右回りにらせんを描くように進みます.1周目では業務構想書を作成します.業務構想書が承認されると,2周目の要求定義のサイクルに進むか判断します.進む場合,その旨を宣言し,要求定義のリスク軽減を目的としたプロトタイピングを行ったうえで要求定義書を作成します.同様に,3周目のサイクルにて仕様設計書を作成し,4周目のサイクルにてデザイン,コーディング,そして,テストを行い,配備へと進みます.つまり1周ごとに次の周回へ進むかどうかを判定し,4周で情

1)　平面を直交する2本の直線で4つの部分に分け,それぞれの部分を「象限」と呼びます.

報システムを開発し終わるようになっています．

　ただし，スパイラルモデルは評価のためのプロトタイピングに時間を要するほか，どの段階で仮のプログラムから最終実装にするかを判断するのが難しいといわれています．詳しくは，第6章の参考文献［11］を参照してください．

6.13　アジャイルアプローチとは何だろう？

　これまでの設計法は，システム開発を計画的に，決められた手順に沿って行おうというものです．これらの手順は，品質を高めるなどの基本的な価値を作業できる形として定義されたものです．しかし，時折，基本的な価値観を守ることよりもそれら手順を守ることが優先され柔軟性に欠けてしまうことがありました．それに対して，システム開発は基本的な価値観に従って，もっと柔軟かつ迅速に適応的に行うべきであるという考え方にもとづいて提唱されているいくつかの試みの総称が，**アジャイルアプローチ**(agile approach)です．「アジャイル(agile)」という語には，もともと「敏捷な」，「身軽な」といった意味があります．ユーザの要求が曖昧で状況に応じて時間とともに変化するものならば，それに対応すべく，システム開発も臨機応変に行うべきだというのです．さきほど「適応的」という言葉を使いましたが，この言葉の意味は，状況に応じてシステムを随時，作り変えていくことを意味しています．

　アジャイルアプローチを提唱した17人による「アジャイルソフトウェア開発宣言」[12] によれば，アジャイルアプローチは，次の4つに価値を置くものです．

1)　プロセス(手順)やツール(道具)よりも，個人や人同士の相互作用
2)　包括的なドキュメント(文書)よりも，動作するソフトウェア
3)　契約についての交渉よりも，顧客との協力
4)　計画に従うよりも，変化に対応すること

　このように，アジャイルアプローチは，計画よりも変化に対応することに価値を置くため，その方法はウォーターフォール型の場合のように決められた手順として示されるものではなく，次の12の原則として示されます[12]．

①　我々が再優先すべきは，価値あるソフトウェアを初期から継続的に提供することを通して，顧客を満足させることだ．
②　要求の変更を歓迎せよ．仮りにそれが開発後期に起こってもだ．アジャ

イルなプロセスは，顧客の競争優位のために変化を活用する．

③　動作するソフトウェアを頻繁に納品せよ．数週間から数カ月で，短いほど望ましい．

④　実務家と開発者は，プロジェクトを通じて日々一緒に作業すべき．

⑤　やる気のある人を中心にプロジェクトを立ち上げよ．彼らが必要としている環境とサポートを提供せよ．そして，彼らが仕事をやり遂げることを信用せよ．

⑥　開発チームに情報を提供し，チーム内で情報を共有するもっとも効率的で効果的な方法は，面と向かって会話することだ．

⑦　動作するソフトウェアが，進捗を示す最も重要な指標だ．

⑧　アジャイルなプロセスは，持続可能な開発を促進する．出資者，開発者，ユーザは，一定のペースを継続して維持できるようにすべきである．

⑨　卓越した技術や優れたデザインに対して継続的に注意を向けることで，俊敏さ(アジリティ：agility)を高める．

⑩　単純さ―作業せずに済ませる量を最大化する技術―が不可欠

⑪　最良のアーキテクチャー，要求，デザインは，自己組織化するチームから生まれる．

⑫　チームはどうすればより効果的になれるかを定期的に考え，それに従って，チームの振舞いを調整し適合させる．

アジャイルアプローチの代表は，ケント・ベック(Kent Beck)によって考案されたエクストリーム・プログラミング(XP：eXtreme Programming)です．詳しくは，第6章の参考文献［12］［13］を参照してください．

また，アジャイルアプローチは，システム開発にとどまらずに広く活用されるようになり，第7章のプロジェクトマネジメントのガイドラインでも採用されています．詳しくは，第7章のプロジェクトマネジメントを参照してください．

6.14　テスト駆動型開発とは何だろう？

テスト駆動開発(TDD：Test-Driven Development)[14] は，ケント・ベックが考案したエクストリーム・プログラミング [12] について，さらにその手法を具現化した設計・開発法です．テスト駆動開発の特徴は，プログラムに先立

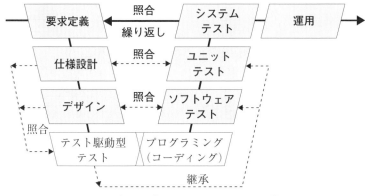

図 6.8　反復型 V モデルにテスト駆動開発を導入した例

ち，テストケース[2]を作成して，このテストケースが動作する必要最低限のプログラムを作るところにあります．また，最初にテストケースを書くアプローチのことをテストファーストと呼ぶこともあります．図 6.8 に反復型 V モデルにテスト駆動開発を導入した例を示します．

　テスト駆動開発のプログラミング作業には，大きく 3 つの工程があります．まず，これから開発する機能のテストケースを作成します．この段階では，ソフトウェアは，機能を実装していませんので，テストを実施するとテストに失敗します．次に，そのテストがパスするための最低限のプログラミングを行います．これで，テストにパスできるようになります．最後に，テストにパスすることを確認しながら，プログラムの重複など取り除いて，プログラムの洗練をします．この作業のことを**リファクタリング**と呼ぶことがあります．テスト駆動開発では，この 3 工程を小さく繰り返すアプローチをとります．詳しくは，第 6 章の参考文献［14］を参照してください．

6.15　スクラムとは何だろう？

　スクラムは，短い期間で計画と実装を繰り返す，アジャイルアプローチのフレームワークです．スクラムという言葉が製品開発の研究で使われるようになったのは，1986 年に日本の竹内弘高と野中郁次郎が発表した論文 "The

---

2)　テストケースとは，テストしたい機能について，テストの条件，手順，入力情報，合否判定基準などがまとめて書かれた手順書です．

New New Product Development Games"[15]が最初といわれています．この論文では，米国の製品開発スタイルの原型であるウォーターフォールモデルと日本の製造業における製品開発スタイルを比較しています．そして，日本の製造業は，目まぐるしく変化する競争環境に対応し組織が柔軟に活動していると分析し，その様を「ラグビーのようにボール（各タスク）を前後に回しながら，チームが一丸となりボール（各タスク）を運んでいるようだ」として「SCRUM」と名付けました．そして，1993年ごろ，ジェフ・サザーランドらがこの論文に触発され，現在知られているスクラムのフレームワークの着想に結び付いたと言われています．

　スクラムの理論は，実践と経験による知識を重要視する「経験主義」と，ムダを最小限に抑えつつプロダクト価値の最大化する「リーン思考」に重点を置いています．具体的な手順やプロセスといったものが定義されているわけではありませんが，ソフトウェア開発に共通して適応できるフレームワークとして知られています．スクラムのフレームワークは，3つの役割で構成されたスクラムチームが，5つのイベントに参加し3つの成果物を作成するというシンプルなもので，「スプリント」という一か月以内の単位で計画と実装を反復的に繰り返し，少しずつプロダクトの完成度を高めていきます．

　スクラムチームは，通常，スクラムマスター1人，プロダクトオーナー1人，複数人の開発者の最大10人までで構成されます．スクラムマスターは，スクラムチームとその所属組織がスクラムのフレームワークを理解して，チーム活動が有効的に機能するように努めます．続く，プロダクトオーナーは，チーム活動の成果物であるプロダクトの価値を最大化することに務めます．そして，開発者は，プロダクトの開発に専念します．詳しくは，第6章の参考文献[16]を参照してください．

6.16　形式アプローチとは何だろう？

　ウォーターフォールモデルやVモデル，その一部を修正したプロトタイピングでは，顧客やユーザがシステムに対して何を望むかを文書化した「要求定義」が出発点です．多くの場合，この要求定義は自然言語によって書かれます．要求定義は開発すべきシステムを記述したものですが，第1章でも述べたとおり，自然言語はシステムを記述する言語として見たとき，厳密な表現がで

きないという欠点を持っています．すなわち，自然言語によって表現されたシステムは，人によってその解釈が異なることがあります．同じ表現を，ユーザや顧客が見た場合と，開発者が見た場合とでその解釈に違いが出る可能性があるのです．これは，ユーザの要求を正確に捉えるという目的からすれば，致命的な欠陥となります．

　また，すでに述べたとおり，システム開発の初期の段階では，顧客やユーザはシステムに何を望むかを明確に表現できない場合が多く，その結果，曖昧なユーザ要求が，本質的に曖昧さを備えた自然言語によって表現されることによって，ユーザ要求の曖昧さが表面化しないまま定義され，その後の段階において，ユーザの意図したものとは異なるシステム開発が行われることにつながる場合があります．

　このような問題点を解決する方法の1つは，要求定義を自然言語のような曖昧さを備えた記述言語に頼るのではなく，人によって解釈が異なることのない厳密性を備えた数理的言語，つまり数学によって行うことです．第1章で述べたとおり，情報システムを記述するのに適した言語は，論理学や集合論で使われる数学です．これらの数学を使って，システムに求められる機能や性質を表現することで，ユーザや顧客にとっての解釈と，開発者にとっての解釈の間に相違が出ないようなシステムの記述が可能になります．例えば，ファイルシステムの開発において，次のような自然言語で書かれた要求を想定してみましょう．

　システム内のすべてのファイルは読み込み可能，あるいは書き込み可能ファイルである．

　これらの記述は，集合と論理の言葉を使って，曖昧さのない厳密な形で表現ができます．次の3つの集合を考えます．

$$S = \{f \mid f はシステム内のファイル\}$$
$$R = \{f \mid f は読み込み可能ファイル\}$$
$$W = \{f \mid f は書き込み可能ファイル\}$$

　これらは，要素が持つべき性質を用いて3つの集合 S, R, W を定義したものです．例えば，集合 S は，システム内のファイルをすべて集めてできる集合であることを定めています．

$$S = \{f \mid f はシステム内のファイル\}$$

の表記は，f が集合 S の要素を表す変数であり，その f が「システム内のファ

イル」であるという性質を備えていなければならないことを表します．｜（た
てぼう）は，「集合 S は変数 f で表される要素の集まりであって，ただし，その
f はシステム内のファイルである」という文における「ただし」という語を表
すものです[3]．集合の定義の方法についての詳細は，例えば第 6 章の参考文献
[17] を参照してください．

　これらの 3 つの集合を用いると，上記の要求は集合と論理の言葉を使って次
のように表現できます．

$$(\forall x)(x \in S \Rightarrow x \in R \lor x \in W) \tag{6.1}$$

　ここで，$\forall x$ は，「すべての（all）」x について以降の言明が成立することを
主張しています．また，矢印「$\Rightarrow$」は，含意関係を表す論理結合子で，

$$P \Rightarrow Q$$

と書いた場合，前提部 P が成立するときに，結論部 Q も成立していることを
主張します．したがって，式 (6.1) は，「すべての x について，もし x がシステ
ム内のファイルの集合の要素であるならば，x は読み込み可能ファイルの集合
の要素であるか，または，x は書き込み可能ファイルの集合の要素である」と
いうことを主張しています．

　集合を定義する際の言明（例えば「f はシステム内のファイルである」とい
う言明）は，変数に具体的な事物を代入した際に，その真偽が客観的に判断で
きるものです．したがって，上記の例では変数 x に具体的なファイルを代入し
たときに，個々の言明の真偽は解釈者によらず判定ができるため，式 (6.1) の
真偽（あるいは成否）は，ユーザと開発者の間で判断が食い違うということは起
こりません．このように，表現中の数学記号の意味を共有できていれば，集合
と論理の言葉で表現されたシステムの性質は，誰にとっても解釈が共通です．
開発されたシステムがこれらの要求を満たすかどうかも，曖昧さのない厳密な
ものとして判断できます．

　形式アプローチとは，ユーザのシステムに対する要求を，このような曖昧さ
のない数理的言語で表現し，その後のシステム開発を行おうというものです．
ユーザの要求を厳密な形で記述する必要があるため，要求が曖昧なままコード

---

3)　この文を英語で表記すると，
　　　S is the set of f such that f is a file in the system.
となり，｜（たてぼう）は，この文の "such that" にあたります．
　　　$S = \{ f \mid f$ はシステム内のファイル$\}$
は上記の英文をそのままの順序で記号化（加えて日本語化）したものです．集合の表記法
は，このように英語による表記を自然に記号化したものです．

化が行われることがなく，また，ユーザの開発者の間で解釈の相違が生じないので，その後の開発段階において手戻りが発生しません．このようにシステムの要求定義や仕様を，曖昧さのない厳密な形式言語(formal language)で記述することを**形式的記述法**(formal description method)といいます．形式アプローチは，この形式的記述法を用いてシステム開発を行おうというアプローチです．

形式アプローチでは，システムの仕様を厳密に表現できるため，これをさらに発展させることで，その後のコーディングの作業を自動化できる可能性があります．形式アプローチとしてよく知られた方法に，1960年代から1970年代にかけてIBMのウィーン研究所で開発されたVDM(Vienna Development Method：ウィーン開発手法)があります．VDMでは，上記の例と同様に，システムの仕様を集合と論理の言葉を使って記述するための言語VDM-SL(VDM Specification language)が開発され，このVDM-SLによって書かれた仕様から，ソフトウェアのコードを自動的に生成するシステムが提案されています．このようにコード生成までの自動化が可能になると，システム開発の時間が大きく短縮できる可能性があります．このVDM-SLは，1996年にISO標準となっています．VDMやVDM-SLについての詳細は，例えば，第6章の参考文献[18]を参照してください．

また，同様に集合と論理の言葉でシステムの仕様を記述し，システムを実現するソフトウェアを「オートマトン」と呼ばれるシステムとして自動的に実装する「モデル理論アプローチ」と呼ばれる方法もあります．詳しくは，第6章の参考文献[19]を参照してください．

練習問題

6-1　ウォーターフォールモデルが出現した背景を述べよ．

6-2　Vモデルがウォーターフォールモデルより優れている点をあげよ．

6-3　プロトタイピングが適した情報システムの例をあげよ．

6-4　漸進型ウォーターフォールモデルが出現した背景を述べよ．

6-5　スパイラルモデルが適した情報システムの例をあげよ.

6-6　アジャイルアプローチや形式アプローチは以前から存在したアプローチ
であるが,近年(2000年頃より)改めて着目されるようになった.その理由を
述べよ.

6-7　自然言語で書かれた次のファイルシステムの要求仕様を,適宜,必要な
集合を定義し,∈と∉の記号を用いて表現せよ.
1)　ファイルが読み込み可能ファイルかつ書き込み可能ファイルならば,機
密ファイルではない.
2)　ファイルが機密ファイルならば,読み込み可能ファイルでもないし,書
き込み可能ファイルでもない.

第6章の参考文献

[1]　Project Management Institute：『アジャイル実務ガイド(日本語版)』,2017(日本語版2018).
[2]　Royce, W.："Managing the Development of Large Software Systems", Proceedings of IEEE WESCON 26(August)：pp.1-9, 1970.
[3]　DOD-STD-2167, USA Military Standard：Defense System Software Development, 1985.
[4]　V-Modell, German Directive 250, Development Standard for IT Systems of the Federal Republic of Germany, 1992.
[5]　ISO/IEC 12207, Systems and software engineering – Software life cycle processes, 1995.
[6]　Frederick Brooks：*The Mythical Man-Month: essays on software engineering*, Addison Wesley, 1975.
[7]　John Crinnion：*Evolutionary Systems Development, a practical guide to the use of prototyping within a structured systems methodology*, Plenum Press, New York, 1991.
[8]　MIL-STD-498, USA Military Standard：Software Development and Documentation, 1994.
[9]　V-Modell 97, German Directive 250-252, Development Standard for IT Systems of the Federal Republic of Germany, 1997.
[10]　V-Modell XT 1.01, The German Federal Ministry of the Interio(r BMI), 2005.
[11]　Barry Boehm："A spiral model of software development and enhancement", *Computer*, Vol.21, Issue 5, pp.61-72, 1998.

［12］ Manifesto for Agile Software Development, https://agilemanifesto.org/（2024年1月アクセス）

［13］ ケント・ベック著, 長瀬他訳：『XP エクストリーム・プログラミング入門—変化を受け入れる第 2 版』, ピアソン・エデュケーション, 2005 年.

［14］ Kent Beck：*Test-Driven Development*：*By Example*, Addison-Wesley Professional, p.240, 2002.

［15］ Hirotaka Takeuchi, Ikujiro Nonaka："The New New Product Development Game", *Harvard Business Review* Vol.64, no.1, pp.137-146, 1986.

［16］ Ken Schwaber, Jeff Sutherland, スクラムガイド（日本語版）2020 年版, https://scrumguides.org/docs/scrumguide/v2020/2020-Scrum-Guide-Japanese.pdf（2024 年 1 月アクセス）

［17］ 高原康彦, 木嶋恭一 編：『経営・情報のための数学入門』, 日刊工業新聞社, 1991 年.

［18］ 荒井啓二朗, 張 漢明：『プログラム仕様記述論』, オーム社, 2002 年.

［19］ 高原康彦, 齋藤敏雄, 旭 貴朗, 柴 直樹, 竹田信夫, 高木 徹：『形式手法モデル理論アプローチ　モデル編【第 2 版】』, 『形式手法モデル理論アプローチ　実践編【第 2 版】』, 日科技連出版社, 2016 年.

第 7 章

プロジェクトマネジメント

　第6章では，実際に情報システムをどのようにして設計，開発するのかについて学びました．本章では，これらの知識を使って，さらに，PMBOK をプロジェクトマネジメントのフレームワークとして用いて，設計と開発の業務をいかにして推進するのかを体系的に学びます．

7.1　PMBOK とは何だろう？

7.1.1　プロジェクトマネジメントのガイド，PMBOK

　PMBOK とは，米国の非営利団体 PMI（Project Management Institute）が策定したプロジェクトマネジメント知識体系ガイド『A Guide to the Project Management Body of Knowledge』の略語で，米国 PMI の登録商標です．

　最初の PMBOK は，1984 年に『PMBOK ガイド（プロトタイプ版）』として出されました．その後，1996 年に『PMBOK ガイド第1版』が発行されてからは，約4年ごとに改訂が進み，2004 年に発行された『PMBOK ガイド第3版』は，米国の工業製品の標準化・規格化を担うアメリカ規格協会（ANSI：American National Standards Institute）の規格として認められ，表紙に「ANSI 標準」ロゴが記載されました．これまでプロジェクトマネジメントのデファクトスタンダードとして浸透してきた PMBOK が米国の正式な規格として認められたのです．その後も PMBOK は進化を続け，2017 年の『PMBOK ガイド第6版』[1] では，これまでのウォーターフォールを原型とするプロセスアプローチの考え方だけでなく，第6章でも紹介したアジャイルアプローチが本文に組み込まれました．つまり，プロジェクトを取り巻く環境の変化に柔軟に対応するという考え方が導入されたのです．また，アジャイルアプローチの考え方だけでなく実務への適用を想定し『アジャイル実務ガイド』[2] が同封されたことも特徴として挙げられます．

そして，2021 年に『PMBOK ガイド第7版』[3] が発行されました（日本語版は 2021 年 11 月発行）．第7版ではこれまでにない方針の大転換がありました．第6版までは主にプロセスベースで記述されており成果物をきっちり届けることを目的としていましたが，第7版ではプロセスベースの記述がなくなり，アジャイルアプローチでの原理・原則の価値に主眼をおき，コンセプトベースでの記述に入れ替わっています．つまり，目的が成果物をきっちり届けることから，多様な状況や変化に対応して顧客価値を高めることに変化したのです．

それでは，なぜ PMBOK（第7版）でその記述をコンセプトベースに変更したのでしょうか．それは，プロセスベースでの弊害を取り除くことにあります．プロセスベースの考え方は，根本的な目的である原理・原則を実務に適用するためのフレームワークとして表現したものです．しかし，プロセスベースの考え方は規範的であるがために手順の厳守にその主眼が置かれてしまうことで，変化に対する柔軟性を失う傾向がありました．そこで，PMBOK（第7版）では，原理・原則そのものをコンセプトベースで記載することにしたのです．

以上のように方針の大転換があった PMBOK ガイドですが，PMI は，PMBOK ガイドの位置づけには変化がなく，PMBOK では「プロジェクトマネジメントの概念について議論したり，書き表したり，適用したりするうえでの共通の用語を提供し，その使用を促進させるものである」としています．また，「基礎的なプロジェクトマネジメント参考図書と位置づけている」として，「本標準は，方法論というよりもガイドである」としています．

つまり，PMBOK は，プロジェクトマネジメントのガイドであり，共通の概念と用語の提供を目的とするものですが，すべてのプロジェクトに一律にすべて適用することをめざすものではないということです．また，第7版でコンセプトベースでの記述に入れ替わりましたが，第6版までのプロセスベースでの考え方を否定するものではなく，新たな視点を提供するものとしています．

7.1.2　プロセスベースの記載について

前述のように PMBOK（第7版）でその記述をプロセスベースからコンセプトベースに変更したことにともない，5つのプロセス群と 10 の知識エリアの記載も廃止されています．しかし，第7版は，第6版までのプロセスベースでの考え方を否定するものではなく，新たな視点を提供するものとされています．また，第7版では，プロセスなどの作業の指針となるフレームワークがなく

なったことで,実際の現場で使いにくいとの批判があるようです.そこで,本章では,あえてPMBOK(第6版)までの5つのプロセス群と10の知識エリアの記載を残し,読者にプロセスベースの考え方の概略を示すものとしました.

それでは,PMBOKの特徴を見ていきましょう.

7.2 プロジェクトとは何だろう?

PMBOK(第7版)の定義では,「プロジェクトとは,独自のプロダクト(最終成果物,または,その一部),サービス(作業で得る仕事遂行能力)),所産(作業中に作成した文書類など)を創造するために実施する有期性のある業務である.」とあります.なお,独自性とは,今までに存在しなかったプロダクト,サービス,所産を創出する業務ということです.つまり,これまで経験のない作業をさします.また,有期性とは,明確な始まりと終わりがある業務ということです.プロジェクトは,永続的に続く一般業務とは異なり,目的を達成するために始まり,達成後はなくなる一時的な業務であるということです.

さらに,Bethke[4]は,その著書の中で,「プロジェクトとは,①スコープ,②時間,③資源(ヒト,モノ,カネ)の3要素を管理し,バランスをとりながら行うものである」と定義しています.なお,スコープとは,プロジェクトの規

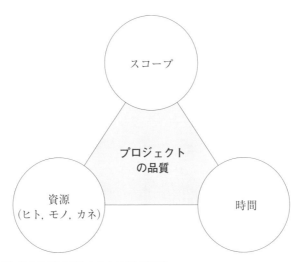

(出典)PMBOKガイド(第6版)をもとに筆者作成

図7.1 プロジェクトのトライアングル

模をさし，仕様規模，品質レベル，費用，納期などのことです．また，このプロジェクトの3要素の関係は，**プロジェクトのトライアングル**と呼ばれることがあります．前掲の図7.1にプロジェクトのトライアングルを示します．

7.3　プロジェクトと定常業務の違いは何だろう？

　一般的に業務は，プロジェクトか定常業務に分類できます．前述したように，PMBOK（第7版）の定義では，プロジェクトは「独自のプロダクト，サービス，所産を創造するために実施する有期性のある業務である」とあります．一方で，同じくPMBOK（第7版）の定義によれば，定常業務は「継続的であり，プロダクト，サービス，または所産を繰り返し生み出すという点で，プロジェクトとは基本的に異なる」とあります．表7.1にプロジェクトと定常業務の特徴比較を示します．

　プロジェクトと定常業務の共通点は4つあり，「人が実施する」，「資源が限られるなどの制約を受ける」，「計画，実行，監視，コントロールの対象となる」，「組織の目標や戦略計画を達成するために実施される」があげられます．そして，プロジェクトと定常業務の相違点は2つあり，「プロジェクトは，有期的で独自性がある」，「定常業務は，継続的で反復的である」があげられます．なお，多くのプロジェクトでは，プロジェクト完了後，その業務は，定常業務に引き継がれて継続的に実施されます．

表7.1　プロジェクトと定常業務の特徴比較

	プロジェクト	定常業務
共通点	人が実施する	
	資源が限られるなどの制約を受ける	
	計画，実行，監視，コントロールの対象となる	
	組織の目標や戦略計画を達成するために実施される	
相違点	有期的である	継続的である
	独自性がある	反復的である

7.4　プロジェクトの形態にはどんなタイプがあるのだろう？

　プロジェクトの形態には，主に機能型，マトリックス型，プロジェクト型の3種類があります．さらに，マトリックス型は，プロジェクトマネジャー（プロジェクトの総合的な責任者）の関わり方により，さらに3種類に分類できます．表7.2に主なプロジェクトの形態とその特徴を示します．

　機能型組織のプロジェクト形態では，プロジェクトマネジャーとプロジェクトマネジメント事務スタッフはともに兼任者です．そして，機能部門マネジャーがプロジェクトの予算をコントロールしますが，プロジェクトマネジャーの権限と資源の可用性[1]はほとんどありません．一方，プロジェクト型組織のプロジェクト形態では，プロジェクトマネジャーとプロジェクトマネジメント事務スタッフはともに専任者です．そして，プロジェクトマネジャーがプロジェクトの予算をコントロールするなど，プロジェクトマネジャーの権限と資源の可用性が高い状態にあります．そして，最後のマトリックス型組織に

表 7.2　プロジェクトに及ぼす組織の影響

組織構造 / プロジェクト特性	機能型	マトリックス型			プロジェクト型
		弱い	バランス	強い	
プロジェクトマネジャーの権限	ほとんどなしまたはなし	限定的	低～中	中～高	高～ほとんどすべて
資源の可用性	ほとんどなしまたはなし	限定的	低～中	中～高	高～ほとんどすべて
プロジェクト予算をコントロールする人	機能部門マネジャー	機能部門マネジャー	両マネジャー	プロジェクトマネジャー	プロジェクトマネジャー
プロジェクトマネジャーの役割	兼任	兼任	専任	専任	専任
プロジェクトマネジメント事務スタッフ	兼任	兼任	兼任	専任	専任

[1]　JIS X 0014：1999「情報処理用語—信頼性，保守性及び可用性」において，可用性とは「必要となる外部資源が与えられたときに，ある時点において，又はある一定の期間，機能単位が決められた条件のもとで要求された機能を果たせる状態にある能力．」とあります．つまり，必要なときに使用できるかどうかということです．このケースでは，プロジェクトマネジャーが権限の行使や資源の利用をしたいときに，それらが利用できるかどうかということです．

は，機能型組織とプロジェクト型組織の特徴を合わせ持ったプロジェクトの性質があります．図7.2に定常業務の組織とプロジェクトの形態について示します．

　機能型組織のプロジェクト形態では，各機能部門マネジャーが共同でプロジェクトの調整を担当します．つまり，通常の定常業務の組織にてプロジェクトを運営する形態です．次に，機能型組織の対極にあるのがプロジェクト型組織です．プロジェクト型組織のプロジェクト形態では，定常業務の一部門がそのままプロジェクトの調整を担当します．また，機能部門マネジャーがプロジェクトマネジャーを兼任します．最後のマトリックス型組織は，機能型組織とプロジェクト型組織の特徴を合わせ持ったプロジェクトの形態です．弱いマトリックス型組織は機能型組織の特徴を多くもち，プロジェクトマネジャーは本来のプロジェクトマネジャーというよりは，むしろ調整者や促進者の役割を果たします．一方，強いマトリックス型組織はプロジェクト型組織の特性を多く持ち，かなり強い権限を持つ専任のプロジェクトマネジャーが，プロジェクトの調整を担当します．そして，バランスマトリックス型組織では，スタッフの中から専任のプロジェクトマネジャーを選出します．

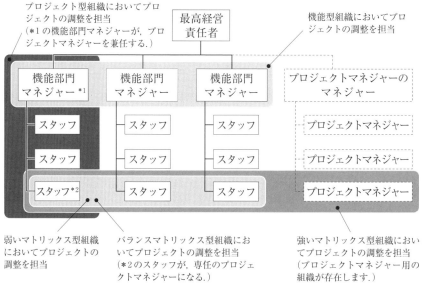

図7.2　定常業務の組織とプロジェクトの形態

7.5　プロジェクトマネジメントとは何だろう？

　PMBOK（第7版）の定義では，「プロジェクトマネジメントとは，プロジェクトの要求事項を満足させるために，知識，スキル，ツールと技法をプロジェクト活動へ適用することである」としています．そして，PMBOK（第7版）では，プロジェクトを円滑に運用するための12個のプロジェクトマネジメントの原理・原則を規定しました．表7.3にプロジェクトマネジメントの原理・原則を示します．

　原則1のスチュワードシップとは，「誠実で信頼される振舞いで責任ある行動」とされています．例えば適切な意思決定を行うことが挙げられます．時折，スチュワードシップと原則6のリーダーシップが混同されることがあります．リーダーシップは「望ましい成果をめざすプロジェクトチームの内外の人々に影響を与える態度，才能，特性，振舞いから成る」と定義されています．つまり，ここでのリーダーシップは，高いパフォーマンスを発揮するための個々人の態度や振舞いであり，スチュワードシップとは視点が異なります．ただし，振舞いの結果として，スチュワードシップに近いリーダーシップの方向性もあると考えられます．

表7.3　プロジェクトマネジメントの原理・原則

	ポイント	PMBOK の原文の記載
1	スチュワードシップ	勤勉で，敬意を払い，面倒見のよいスチュワードであること
2	チーム	協働的なプロジェクトチーム環境を構築すること
3	ステークホルダー	ステークホルダーと効果的に関わること
4	価値	価値に焦点を当てること
5	システム思考	システムの相互作用を認識し，評価し，対応すること
6	リーダーシップ	リーダーシップを発揮すること
7	テーラリング	状況に応じてテーラリング（対応）すること
8	品質	プロセスと成果物に品質を組み込むこと
9	複雑さ	複雑さに対処すること
10	リスク	リスク対応を最適化すること
11	適応性と回復力	適応力と回復力を持つこと
12	変革	想定される未来の状態を達成するために変革できるようにすること

（出典）PMBOK ガイド（第7版）をもとに筆者作成

7.6　プロジェクトパフォーマンス領域とは何だろう？

　PMBOK（第7版）の定義では，「プロジェクトの成果を効果的に提供するために不可欠な，関連する活動」をプロジェクトパフォーマンス領域としています．プロジェクトパフォーマンス領域は，前節で示した12個のプロジェクトマネジメントの原理・原則を実際の振舞いの指針となる8個のプロジェクトパフォーマンス領域にまとめたものです．表7.4にプロジェクトパフォーマンス領域を示します．

　それでは，個々のプロジェクトパフォーマンス領域の特徴を見ていきましょう．

7.6.1　ステークホルダー・パフォーマンス領域

　ステークホルダーは，プロジェクト関連の意思決定，活動，もしくは成果に影響したり，影響されたり，あるいは自ら影響されると感じる個人，グループ，または組織のことです．このパフォーマンス領域の目的は，ステークホルダーとの協力を促進し連携を強化して良好な関係を築いて，ステークホルダーの満足度を高めることにあります．

　プロジェクトには，通常，複数の人が関与します．プロジェクトに積極的に関与している人，または，プロジェクトの実行あるいは完了によって自らの利

表 7.4　プロジェクトパフォーマンス領域

	ポイント	PMBOK の原文の記載
1	ステークホルダー	勤勉で，敬意を払い，面倒見の良いスチュワードであること
2	チーム	協働的なプロジェクトチーム環境を構築すること
3	開発アプローチとライフサイクル	ステークホルダーと効果的に関わること
4	計画	価値に焦点を当てること
5	プロジェクト作業	システムの相互作用を認識し，評価し，対応すること
6	デリバリー	リーダーシップを発揮すること
7	測定	状況に応じてテーラリング（対応）すること
8	不確かさ	プロセスと成果物に品質を組み込むこと

（出典）PMBOK ガイド（第7版）をもとに筆者作成

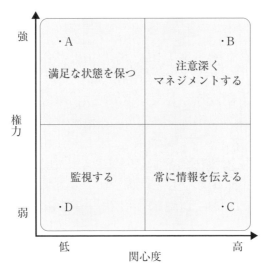

(出典) PMBOK ガイド(第7版)をもとに筆者作成

図7.3 ステークホルダーを権力と関心度のグリッドに示した例

益が影響を受ける，顧客，スポンサー[2]，母体組織[3]，一般大衆のような個人や組織を「ステークホルダー」といいます．

　ステークホルダーは，それぞれの立場によって考え方が異なります．プロジェクトを成功させるためには，状況を見極めて，各種ステークホルダーの競合する要求事項の間でバランスをとることが重要です．図7.3 にステークホルダーを権力と関心度のグリッドに示した例を示します．

　図7.3 では，縦軸にステークホルダーの権力，横軸にステークホルダーの関心度を示して，権力と関心度の度合いにより，4つのグループに分けてコミュニケーション方法を決めています．まず，権力が強く関心が高いステークホルダーに対してプロジェクトマネジャーは，「注意深くマネジメントする」としています．ステークホルダー B がこのグループになります．次に権力が強く関心が低いステークホルダーに対してプロジェクトマネジャーは，「満足な状態を保つ」としています．ステークホルダー A がこのグループになります．

---

2) スポンサーとは，PMBOK(第7版)の定義では「プロジェクトに対して資金や資源を提供する人やグループ」とされています．
3) 母体組織とは，PMBOK(第7版)の定義では「プロジェクトの作業にもっとも直接的に関与する従業員が所属する組織」とされています．つまり，プロジェクトメンバーの所属組織のことをさします．

そして，権力が弱く関心が高いステークホルダーに対してプロジェクトマネジャーは，「常に情報を伝える」としています．ステークホルダー C がこのグループになります．最後に，権力が弱く関心が低いステークホルダーに対してプロジェクトマネジャーは，「監視する」としています．ステークホルダー D がこのグループになります．

7.6.2　チームパフォーマンス領域

　このパフォーマンス領域の目的は，多様な個人を集め立ち上げたプロジェクトチームに対して，オープンな文化の植え付け，良好な人間関係を構築し，スキル醸成の機会などを提供するなど，さまざまな働きかけを行い高いパフォーマンスを発揮するプロジェクトチームに昇華させることにあります．また，全てのプロジェクトチームメンバーのリーダーシップ行動を推奨し引き出すこともあります．表7.5 にパフォーマンスが高いプロジェクトチームに関する主な要因を示す．

　オープンなコミュニケーションは，プロジェクトメンバーの心理的安全性を高める効果があると考えられます．例えば，心理的安全性が低い環境では，各自の発言が無知，無能，邪魔，ネガティブな意見としてとらえられるのではないかとの不安から発言を躊躇してしまう傾向があります．オープンなコミュニケーションは，プロジェクトメンバーの心理的安全性を高めるので安心感をもって発言ができる環境といえるでしょう．次の理解の共有は，プロジェクトメンバーの理解の方向性を整える効果があり，プロジェクトメンバーの協働を加速する効果があると考えられます．続くオーナーシップの共有は，プロジェクトメンバーが自分事として主体性を持ってプロジェクトに取組む環境を整えることだと考えられます．そして信頼は，プロジェクトメンバーの一体感を醸成する効果があると考えられます．協働は，アイティの意見やアイデアから新たなアイティアを誘発する効果があると考えられます．適応性は，アジャイルアプローチ的思考であり，「計画に従うより，変化への対応を重視する」考え方であると捉えられる．回復力は，協働が進みアイデアに満ちたプロジェクトであれば，効果的な対応策を早期に生み出すことも可能であると考えられる．エンパワーメントは，プロジェクトメンバーがやらされ感を持たず，主体性を持ってプロジェクトに取り組む環境を整えることだと考えられます．オーナーシップの共有と同様の効果が期待できると考えられます．最後の認知は，プロ

表 7.5　パフォーマンスが高いプロジェクトチームに関する主な要因

	要因	PMBOK の原文の記載
1	オープンな コミュニケーション	オープンで安心できるコミュニケーションを醸成する環境により，生産性の高い会議，問題解決，ブレインストーミングなどが可能になる．また，理解の共有，信頼など，他の要素の基盤となる．
2	理解の共有	プロジェクトの目的と，そこからもたらされるベネフィットについての理解を共有する．
3	オーナーシップの 共有	プロジェクトチームメンバーが成果へのオーナーシップを感じるほど，パフォーマンスが向上する可能性が高くなる．
4	信頼	メンバーが互いに信頼し合うプロジェクトチームは，成功を実現するためにもっと力を発揮しようとする．プロジェクトチームメンバーやプロジェクトマネジャーや組織への信頼がなければ，成功のためにもっと努力しようとはしないだろう．
5	協働	プロジェクトメンバーがそれぞれ孤立した状態で仕事したり，競合したりするのではなく，互いに協働するプロジェクトチームは，より多様なアイデアを生み出し，より良い成果をもたらす傾向がある．
6	適応力	環境や状況に合わせて作業方法を調整できるプロジェクトチームは，より効果的である．
7	回復力	課題や失敗に遭遇したとき，パフォーマンスが高いプロジェクトチームは立ち直りが早い．
8	エンパワーメント	業務の遂行方法について細かい点まで管理されているプロジェクトチームメンバーよりも，意思決定を行える権限が与えられていると感じているメンバーのほうが，より良いパフォーマンスを示す．
9	認知	自分たちが力を注いだ作業と達成したパフォーマンスを評価されているプロジェクトチームは，良いパフォーマンスを継続しやすい．感謝を示すというちょっとした行動でさえ，チームの前向きな振舞いを強化することができる．

（出典）PMBOK ガイド（第 7 版）をもとに筆者作成

ジェクトメンバーの承認欲求を満たし，さらに高いに目標に向かって努力する効果があると考えられます．

7.6.3　開発アプローチとライフサイクル・パフォーマンス領域

　このパフォーマンス領域の目的は，プロジェクトの成果を最適化するために必要な開発プロセス，デリバリーのケイデンズ，プロジェクトライフサイクルを確立することにあります．なお，デリバリーのケイデンズとは，デリバリーの頻度や間隔という意味です．

　プロジェクトは，その規模の大小や複雑さにかかわらず，一般にプロジェクトが進むにつれて，「プロジェクト開始」，「組織編成と準備」，「作業実施」，「プロジェクト終結」の4つの工程をたどるといわれています．このように，プロジェクトが進行と共にある定まった工程をたどることを**プロジェクトライフサイクル**と呼ぶことがあります．それでは，プロジェクトライフサイクルに関するプロジェクトの特性を見ていきましょう．

(1)　プロジェクト経過にともなうコストと要員数の変化

　プロジェクト経過にともなうコストと要員数の変化について，その典型例を図7.4 に示します．

　プロジェクトのコストや要員数は，プロジェクトの進行とともに変化します．コストや要員数は，プロジェクト開始時には少ないですが，プロジェクトが進むにつれて徐々に増加，作業実施時に頂点に達して，プロジェクトが終了に近づくと急激に減少します．

(2)　リスクや不確実性に対応した開発アプローチを選択

　PMBOK（第7版）の定義では，「開発アプローチは，プロジェクトのライフサイクル中にプロダクト，サービス，または所産を創出して発展させるために使用される手段である．」としています．一般に使用されるアプローチには，予測型，適用型，ハイブリッド型の3つがあります．予測型アプローチは，プ

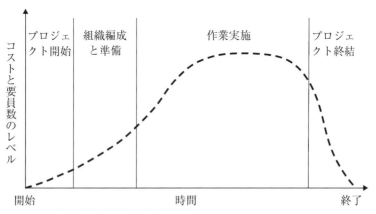

（出典）PMBOK ガイド（第6版）をもとに筆者作成

図7.4　プロジェクト経過にともなうコストと要員数の変化（典型例）

ロジェクトの開始時にプロジェクトとプロダクトの要求事項を定義，収集，分析できるときに有効です．また，このアプローチは，ウォーターフォール・アプローチとも呼ばれます．次の予測型アプローチは，要求事項の不確かさと変動制が高く，プロジェクト期間を通じて要求事項が変わる可能性が高いときに役立ちます．3つ目のハイブリッド型アプローチは，プロジェクトの状況に合わせて予測型アプローチと予測型アプローチを組み合わせる方法です．詳細については第6章を参照してください．

7.6.4 計画パフォーマンス領域

このパフォーマンス領域の目的は，プロジェクト成果物を作成するためのアプローチを事前に決めることにあります．プロジェクトは，独自性がある「初めての業務」ですので，プロジェクトの初期段階で最後までの業務内容を詳しく見通すことは困難でしょう．そこで，プロジェクトの進め方を予測型にするのか，その対極の適用型か，または，それらをミックスしたハイブリッド型にするかなどの大まかな方針としてアプローチを決めておきます．そして，予算，プロダクトのデリバリーとスケジュールなどをもとに概算の見積もりを行います．また，それら情報をもとにプロジェクトの進捗管理に用いる情報も決めておきます．例えば，アーンドバリュー分析に用いる変数も決めておきます．アーンドバリュー分析については測定パフォーマンス領域で示します．また，プロジェクトチームの編成や機器類の調達も行います．

7.6.5 プロジェクト作業パフォーマンス領域

このパフォーマンス領域の目的は，プロセスを確立することと，プロジェクトチームが期待される成果物と成果を提供できるようにする作業を実行することにあります．

プロジェクトのトライアングルとして，①スコープ，②時間，③資源(ヒト　モノ　カネ)をプロジェクトの3要素を示し，プロジェクトは，これら3要素に関して達成度のバランスをとりながら行うものとしました．しかし，プロジェクトの遂行時に問題が生じた場合など，それら3要素すべてについて要求を満たすことが難しい場合があります．このため，あらかじめプロジェクトの依頼者やスポンサーとの間で，これら3要素について優先順位を定めておくようにします．表7.6に3要素の優先順位の例として，「企業買収による企業統

表 7.6　3 要素の優先順位：企業統廃合にともなう給与管理システムの統合

要素	優先順位	事由
スコープ	3	一部機能は後回しにしてよい ただし，品質基準は落としてはならない
時間	1（必達事項）	新会社発足時にシステムが稼働していること
資源（ヒト，モノ，カネ）	2（重要事項）	使用できる経費が限られている

廃合にともなう給与管理システムの統合」プロジェクトを示します.

　表 7.6 の例では，「企業買収による企業統廃合にともなう給与管理システムの統合」プロジェクトです. 開発するプロダクトは給与管理システムであり，高い品質基準を保つ必要性があります. この例では，スポンサーは，新会社発足時にシステムが稼働していることを必達重要としました. しかし，買収時に大量の資金を使ったため，当プロジェクトで使用できる経費が限られてしまったため，資源の厳守を重要事項としました. 最後にスポンサーは，過去の残業履歴閲覧機能など，緊急性が低い機能は後回しにしてもよいとして，スコープは譲歩可能としました. ただし，品質基準は落としてはならないとの条件が付いています.

　なお，プロジェクトによっては，最優先要素が明白なものもあります. 例えば，医療機器の開発があげられます. 医療機器は，人体に作用する機器ですので，プロダクトの品質基準などのスコープは最優先要素となります. このように安全にかかわる機器の開発プロジェクトでは，スコープは最優先要素となるでしょう. また，クリスマス商戦などのビジネス優先のプロジェクトでは，商機を逃すことがビジネス上では致命的となりますので，時間が最優先要素となるでしょう.

7.6.6　デリバリー・パフォーマンス領域

　このパフォーマンス領域の目的は，めざす成果を生み出すため，期待される成果物と作成するための要求事項，スコープ，品質を高次元でバランスさせることにあります.

　プロジェクト経過にともなう影響の変動について，その典型例を図 7.5 に示します.

　ステークホルダー（プロジェクトに関係する個人や組織）の影響力，リスク，

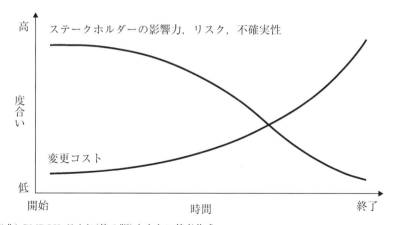

（出典）PMBOK ガイド（第6版）をもとに筆者作成
図7.5　プロジェクト経過にともなう影響の変動（典型例）

不確実性は，プロジェクト開始時に最大ですが，プロジェクトが進むにつれて徐々に低下します．この現象は，プロジェクトが進むにつれて，成果物の要求仕様などのプロジェクトの詳細が明確になり，プロジェクトの進展がスムーズになるためです．

　一方，変更やエラーの訂正にかかるコストは，プロジェクトの開始時に最小ですが，プロジェクトが進むにつれて増加します．変更やエラーの訂正に関しては，プロジェクトが進むにつれて修正の手間が多くなり，また，修正作業に残された時間が少なくなるために難易度が高くなるためです．

7.6.7　測定パフォーマンス領域

　このパフォーマンス領域の目的は，プロジェクトのパフォーマンスを評価し，受入れ可能なパフォーマンスを維持するための適切な行動をとることに関連する活動と機能に対応することにあります．つまり，計画パフォーマンス領域などでの取り決めが計画どおりに進捗しているかを測定するのがこのパフォーマンス領域の活動です．プロジェクト経過にともなうパフォーマンス測定について，その典型例としてアーンドバリュー分析の例を図7.6に示します．

　アーンドバリュー分析では，計画パフォーマンス領域で計画された完了時コスト見積り（EAC：Estimate At Completion）とプロジェクトの進捗時の計画価値曲線（PV：Planed Value）をベースラインとして，状況把握日における実

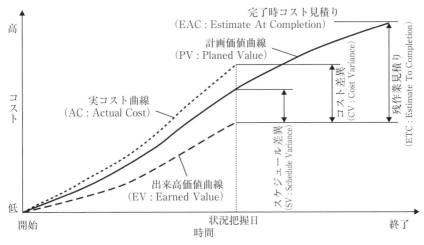

（出典）PMBOK ガイド（第 7 版）をもとに筆者作成

図 7.6　アーンドバリュー分析によるパフォーマンス測定（典型例）

際の進捗から算出した実コスト曲線（AC：Actual Cost）と出来高曲線（EV：Earned Value）からスケジュール差異（SV：Schedule Variance），コスト差異（CV：Cost Variance），そして残作業見積り（ETC：Estimate To Completion）を算出します．このようにアーンドバリュー分析から作業の遅れとコスト超過を随時確認することができます．

　プロジェクトの進捗を分析することも重要ですが，分析で得られた情報を分かりやすい形態でタイムリーに発信することも重要です．このパフォーマンス領域ではこの方法としてダッシュボードという手法が用いられることがあります．ダッシュボードでは，ステークホルダーなどが分析結果のエッセンスを容易に理解できるように，例えば，A4 用紙 1 枚に情報にまとめ重要度や危険度を色で示した報告書を作成します．

7.6.8　不確かさパフォーマンス領域

　このパフォーマンス領域の目的は，不確かさが示す脅威と好機について，プロジェクトチームが探求し，査定し，どのように対処するかを決定することにあります．一般的なプロジェクトにおいて，納期とコストは，プロジェクトの初期段階で確定していることがほとんどでしょう．しかし，それらの要求内容や業務内容が明確になっていないことも散見されます．しかし，それらが明確

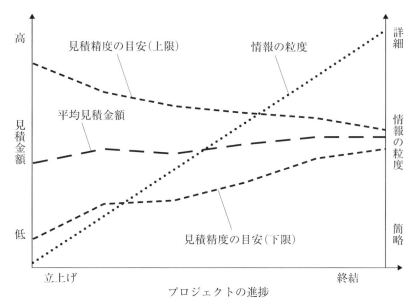

図 7.7　段階的詳細化─情報の粒度と見積金額の精度

になるまでプロジェクトを開始しないというのでは，いつまでもプロジェクトが開始できないということになります．そこで適用されるのが**段階的詳細化**という概念です．

　PMBOK では段階的詳細化を次のように定義しています．段略的詳細化とは，「プロジェクトには常に変更の可能性があるので，計画は反復的に作成され，かつ段階的に詳細化されるものである．段階的詳細化とは，情報が詳細かつ具体的になり，さらに正確な見積りが可能になると，計画が継続的に改善され，詳細になることを意味する」ということです．つまり，入手可能な情報をもとにスコープを設定し，計画を立案します．その後，プロジェクトの進捗にともない，入手可能な情報の粒度[4]がより詳細に具体化するので，計画を継続的に改善していきます．その結果，得られる見積りなどの精度が向上していきます．図 7.7 に情報の粒度と見積金額の精度の変化にて段階的詳細化を示します．

　図 7.7 では，プロジェクトの進捗とともに入手する情報の粒度（詳細度）が高

---

4)　情報の粒度とは，情報の詳細さや正確さのことをさします．ここでは，入手できる情報の詳細さや正確さが，プロジェクトの進捗とともに高まるということを述べています．

まることを示しています．そして，入手した情報をもとに見積もった金額を示しています．つまり，プロジェクトの立上げ時には，入手できる情報の粒度（詳細度）が低いため，見積金額のばらつきが大きく，プロジェクトの後半では，入手できる情報の粒度（詳細度）が高まり，見積金額のばらつきが小さくなることを示しています．

7.7　プロジェクトマネジャーとは何だろう？

プロジェクトマネジャーは，プロジェクト目標の達成のために母体組織が任命する人物です．**プロジェクトマネジャーは，プロジェクトの成功に関して総合的な責任を持ちます**．また，プロジェクトマネジメントの原理・原則に則り，プロジェクトパフォーマンス領域での各業務を円滑に運営するための責任を負います．

優れたプロジェクトマネジャーは，特定分野のスキルおよび一般的なマネジメント能力を習得するとともに，プロジェクト目標を達成し，プロジェクトの制約条件のバランスをとりつつ，プロジェクトチームを統率することができます．つまり，プロジェクトマネジャーは，「プロジェクトマネジメントの知識」，「プロジェクトマネジメントの実践力」，「人間関係のスキル」を身に付けています．なお，「人間関係のスキル」とは，プロジェクトマネジャーの基本姿勢，中核となる個性，リーダーシップのことです．

7.8　プロジェクトマネジメントオフィス（PMO）とは何だろう？

PMBOK の定義では，「プロジェクトマネジメントオフィス（PMO）とは，それが管轄する複数のプロジェクトを一元的にマネジメントし，調整を行うことに種々の責任を有する組織の一部門あるいはそのグループのことである」とあります．つまり，組織全体において，プロジェクトマネジメント手法の標準化，品質管理，人材育成，教訓の管理などを行う常設的な組織といえます．表7.7 に PMO とプロジェクトマネジャーの役割の違いを示します．

表 7.7　PMO とプロジェクトマネジャーの役割の違い

	PMO	プロジェクトマネジャー
活動単位	組織	プロジェクト
目的	ビジネス目標の達成	プロジェクト目標の達成
マネジメント対象	プログラムの大きな変更	特定のプロジェクト
資源コントロール	組織の共有資源	プロジェクトの資源
制約条件の管理	組織レベルの共通条件	プロジェクト

7.8.1　活動単位

　PMO は，組織全体を対象とし，プロジェクトマネジャーに対して，コーチング，メンタリング，トレーニング，管理などを行います．一方，プロジェクトマネジャーは，担当している個々のプロジェクトを対象にしています．

7.8.2　目的

　プロジェクトマネジャーが，担当している個々のプロジェクトのプロジェクト目標の達成を目的としているのに対して，PMO は，組織全体のビジネス目標の達成を目的としています．

7.8.3　マネジメント対象

　PMO は，組織レベルの共通条件の取決めなどの大きな業務をマネジメント対象とし，プロジェクトマネジメントの方法論，ベストプラクティス[5]，および標準の特定と開発，そして，プロジェクト方針，手順，テンプレート，その他共通に使用する文書の作成とマネジメントを行います．一方，プロジェクトマネジャーは，担当する個々のプロジェクトをマネジメント対象にしています．

7.8.4　資源コントロール

　PMO は，組織の共有資源をコントロールしており，プロジェクト間のコミュニケーションの調整なども行います．一方，プロジェクトマネジャーは，担当している個々のプロジェクト資源をコントロールしています．

---

5)　何かを行う方法や工程，または，その実践例において，最善の方法，または，最良の事例と評価されたもののこと．

7.8.5　制約条件の管理

PMO は，組織レベルの共通条件を管理しており，プロジェクト監査[6] を行い，プロジェクトマネジメントの標準方針，手順，テンプレートの遵守状況の監視などを行います．一方，プロジェクトマネジャーは，担当している個々のプロジェクトの制約条件を管理しています．

プロジェクトは有期的な活動です．つまり，プロジェクト完了時，その業務は，定常業務の組織に移管され，プロジェクトは解散してしまいます．そのためプロジェクト活動中に蓄積したノウハウや教訓は，プロジェクト解散とともに失われてしまうことがあります．PMO の役割として，それらプロジェクトのノウハウや教訓を PMO に引き継ぎ，組織として一元管理することがあります．そして，その後のプロジェクトにそれら知識を適用して，プロジェクトの効率を継続的に改善することができます．

7.9　プログラムマネジメント，ポートフォリオマネジメントとは何だろう？

複数のプロジェクトが同時進行している組織では，リソースを共用しているプロジェクトは，まとめて管理したほうがリソースの有効活用につながります．プログラムマネジメントおよびポートフォリオマネジメントは，それらプロジェクトを一元管理するための上位概念です．図 7.8 にプロジェクト，プログラム，ポートフォリオの相互関係の例を示します．

プログラムは，図 7.8 に示したように，相互に関連するプロジェクトを統合的に管理しコントロールするための上位概念です．プログラムでは，相互に関連するいくつかのプロジェクト群をグループとしてまとめてグループ単位で管理します．次に，ポートフォリオは，図 7.8 に示したように，戦略的なビジネス目標を達成するために，プロジェクト，プログラムを効果的に管理しコントロールするための上位概念です．複数のプロジェクトとプログラムをポートフォリオで把握することで，組織戦略に沿った一貫性のある資源の割り当てや優先順位づけを行うことができます．

---

6)　監査対象プロジェクトの直接的な推進者ではない者が，プロジェクトをさまざまな観点から確認する作業です．

7.10 プロジェクトマネジメントプロセスとは何だろう？(第6版)

PMBOK(第6版)では，プロジェクトチームは，プロジェクト目標を達成するためには，適時に適切なプロジェクトマネジメントプロセスを選択して実行しなければなりません．なお，今後，特に断りがなければ，「プロジェクトマネジメントプロセス」のことを「プロセス」と呼びます．さて，プロセスとは，PMBOK(第6版)では，「事前に定められた一連のプロダクト，所産，またはサービスを生み出すために実行される，相互に関連したアクティビティ（インプット，ツールと技法，アウトプット）の組合せである」としています．図7.9にプロセスのアクティビティの例を示します．

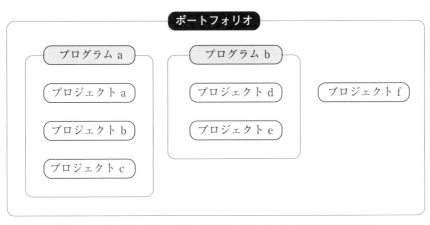

図7.8 プロジェクト，プログラム，ポートフォリオの相互関係

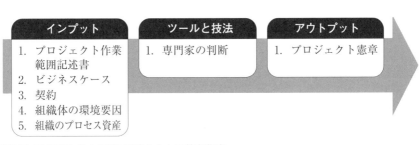

(出典) PMBOK ガイド(第6版)をもとに筆者作成

図7.9 プロセスのアクティビティの例(プロジェクト憲章作成)

　インプットは，プロセスに入力される情報です．次のツールと技法では，イ
ンプットで得られた情報をもとに処理を行います．そして，アウトプットで
は，その処理結果を出力します．PMBOK（第6版）では，47 のプロセスが定義
されています．なお，各プロセスの詳細については，PMBOK（第6版）ガイド
を参照してください．

7.11　5つのプロセス群とは何だろう？（第6版）

　PMBOK（第6版）では，プロジェクトライフサイクルの特徴により，全 47
のプロセスを5つのプロセス群（立上げ，計画，実行，監視とコントロール，
終結）に分類しています．それでは，5つのプロセス群の関係について大まか
に見ていきましょう．図 7.10 に5つのプロセス群の実行の順番を示します．
　立上げプロセス群は，プロジェクトの初期設定を行います．次の計画プロセ
ス群は，これから実行する作業の具体的な準備をします．さらに，実行プロセ
ス群では，計画に沿って実際の作業を遂行します．計画プロセス群と実行プロ
セス群は，相互に繰り返し行いプロジェクトを進めます．そして，終結プロ
ジェクト群では，すべてのプロセス群が完了していることを検証し，プロジェ
クトの終了を公式に確定します．なお，監視とコントロールプロセス群は，他

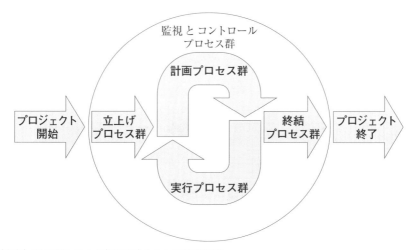

（出典）PMBOK ガイド（第6版）をもとに筆者作成

図 7.10　5つのプロセス群の実行の順番

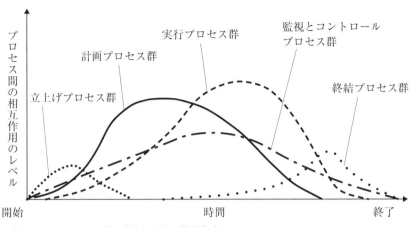

プロセス間の相互作用のレベル

立上げプロセス群　計画プロセス群　実行プロセス群　監視とコントロールプロセス群　終結プロセス群

開始　　　　　　時間　　　　　　終了

(出典) PMBOK ガイド(第6版)をもとに筆者作成

図7.11　プロジェクトにおけるプロセス群の相互作用

の4つのプロセス群の各種作業を継続的に監視して、実績と計画の比較を行い、必要に応じて対処を施します。

　次に、5つのプロセス群の相互について見ていきましょう。図7.11に5つのプロセス群の相互作用を示します。なお、ここでの「相互作用」とは、2つ以上のプロセスが互いに影響を及ぼし合うことをさしています。

　図7.11は、プロセス群の相互の作用と、プロジェクトのさまざまな時期における重なり合いのレベルを示しています。プロセス群は、プロセスのアウトプットと次のプロセスのインプットが連携する形で互いに結びついています。例えば、多くの場合、計画プロセス群のアウトプットは、実行プロセス群のインプットになっていて、それら情報をもとに、実行プロセス群のプロセスは処理を行います。このように、プロセス群は、お互いに重なり合って生じる活動で、プロジェクトの全期間を通して動いています。それでは、「5つのプロセス群」について順番に見ていきましょう。

7.11.1　立上げプロセス群

　立上げプロセス群は2つのプロセスから構成されています。PMBOK(第6版)の定義では、「プロジェクトを開始する認可を得ることにより、新規プロジェクトや既存プロジェクトの新しいフェーズを明確に定めるために実行するプロセス」とあります。

7.11.2　計画プロセス群

　計画プロセス群は 24 のプロセスから構成されています．PMBOK（第 6 版）の定義では，「プロジェクトのスコープを確定し，目標を洗練し，プロジェクトが取り組むべき目標の達成に必要な一連の行動を規定するために必要なプロセス」とあります．ここではプロジェクトの実行基準となる情報のとりまとめと分析を実施します．

7.11.3　実行プロセス群

　実行プロセス群は 8 つのプロセスから構成されています．PMBOK（第 6 版）の定義では，「プロジェクトの仕様を満足し，プロジェクトマネジメント計画書において規定された作業を完了するために実行するプロセス」とあります．つまり，計画書に沿って実際の作業を遂行するプロセスです．

7.11.4　監視とコントロールプロセス群

　監視とコントロールプロセス群は 11 のプロセスから構成されています．PMBOK（第 6 版）の定義では，「プロジェクトの進捗やパフォーマンスを追跡し，レビューし，統制し，計画の変更が必要な分野を特定し，それらの変更を開始するために必要なプロセス」とあります．ここでは，継続的に各種作業を監視して，実績と計画の比較を行い，必要に応じて対処を施します．この活動は，個々の作業の監視とコントロールだけでなく，プロジェクト全体の作業に対しても行われます．

7.11.5　終結プロセス群

　終結プロセス群は 2 つのプロセスから構成されています．PMBOK（第 6 版）の定義では，「プロジェクトを公式に完結するために，すべてのプロジェクトマネジメントプロセス群のすべてのアクティビティを終了するために実行するプロセス」とあります．ここでは，すべてのプロセス群が完了していることを検証し，プロジェクトの終了を公式に確定します．

7.12　10 の知識エリアとは何だろう？（第 6 版）

　PMBOK（第 6 版）では，プロセスの性質により，全 47 のプロセスを 10 の知

識エリアに分類しています．それでは，10 の知識エリアについて大まかに見ていきましょう．表 7.8 に 10 の知識エリアと 47 プロセスを示します．

　表 7.8 では，47 プロセスの位置づけについて，プロジェクトライフサイクルを横軸，プロセスの性質による分類を縦軸にして整理しています．横軸のプロジェクトライフサイクルによる分類では，5 つのプロセス群（立上げ，計画，実行，監視とコントロール，終結），そして，縦軸のプロセスの性質による分類では，10 の知識エリア（統合スコープ，タイム，コスト，品質，人的資源，コミュニケーション，リスク，調達，ステークホルダー）にまとめ整理しています．次に，10 の知識エリアについて順番に見ていきましょう．

7.12.1　プロジェクト統合マネジメント

　プロジェクト全体を総合的に管理するプロセスおよび活動です．具体的には，プロジェクト統合マネジメントでは，各種活動の資源配分を決め，競合する目標と代替案間のトレードオフを行って，相互依存関係を円滑にマネジメントすることが求められます．

7.12.2　プロジェクトスコープマネジメント

　プロジェクトスコープのマネジメントでは，プロジェクトに何が含まれ，何が含まれないかを明確にして，それをコントロールすることが求められます．

7.12.3　プロジェクトタイムマネジメント

　プロジェクトは有期的な業務ですので，時間的な制約が常にあります．プロジェクトマネジャーは，単に最終的な納期を守ることを管理するだけでなく，プロジェクトの計画と進捗管理を行うなどのきめ細やかな管理を行います．

7.12.4　プロジェクトコストマネジメント

　PMBOK（第 6 版）の定義では，「プロジェクトを承認済みの予算内で完了するために必要な，コストの見積り，予算化，コントロールなどのプロセスおよび活動」とあります．

7.12.5　プロジェクト品質マネジメント

　プロジェクトでは，必要に応じて行われる継続的プロセス改善活動ととも

表 7.8　プロジェクトマネジメントプロセス群と知識エリアの分類

知識エリア	プロジェクトマネジメントプロセス群				
	立上げ	計画	実行	監視とコントロール	終結
統合マネジメント	プロジェクト憲章作成	プロジェクトマネジメント計画書作成	プロジェクト作業の指揮マネジメント	プロジェクト作業の監視とコントロール	プロジェクトの終結
				統合変更管理	
スコープマネジメント		スコープマネジメント計画		スコープ妥当性確認	
		要求事項取集			
		スコープ定義		スコープコントロール	
		WBS 作成			
タイムマネジメント		スケジュールマネジメント計画		スケジュールコントロール	
		アクティビティ定義			
		アクティビティ順序設定			
		アクティビティ資源見積り			
		アクティビティ所要期間見積り			
		スケジュール作成			
コストマネジメント		コストマネジメント計画		コストコントロール	
		コスト見積り			
		予算設定			
品質マネジメント		品質マネジメント計画	品質保証	品質コントロール	
人的資源マネジメント		人的資源マネジメント計画	プロジェクトチーム編成		
			プロジェクトチーム育成		
			プロジェクトチームマネジメント		
コミュニケーションマネジメント		コミュニケーションマネジメント計画	コミュニケーションマネジメント	コミュニケーションコントロール	
リスクマネジメント		リスクマネジメント計画		リスクコントロール	
		リスク特定			
		定性的リスク分析			
		定量的リスク分析			
		リスク対応計画			
調達マネジメント		調達マネジメント計画	調達実行	到達コントロール	調達終結
ステークホルダーマネジメント	ステークホルダー特定	ステークホルダーマネジメント計画	ステークホルダーエンゲージメントマネジメント	ステークホルダーエンゲージメントコントロール	

（出典）PMBOK ガイド（第 6 版）をもとに筆者作成

に，方針，手順を通して品質マネジメント・システムを実施することが求められます．

7.12.6　プロジェクト人的資源マネジメント

チーム・メンバーは，個々の専門知識を活用して，プロジェクトの初期の段階から関与して，プロジェクトの効率的な運営に寄与することが求められます．また，この活動は，チーム・メンバーのプロジェクトへの参加意欲を高めます．

7.12.7　プロジェクトコミュニケーションマネジメント

プロジェクトには，プロジェクトマネジャーを中心として，多くのステークホルダーが関与します．人数が多くなると，それら人々や組織間のコミュニケーションが複雑になり意思疎通が難しくなります．プロジェクトコミュニケーションのマネジメントでは，コミュニケーションを効果的に行うための活動が求められます．

7.12.8　プロジェクトリスクマネジメント

プロジェクトリスクマネジメントの目標は，プロジェクトに対してプラスとなる事象の発生確率と影響度を増加させ，マイナスとなる事象の発生確率と影響度を減少させることにあります．

7.12.9　プロジェクト調達マネジメント

PMBOK（第 6 版）の定義では，「作業の実行に必要なプロダクト，サービス，所産をプロジェクトチームの外部から購入または取得するプロセスと活動」とあります．

7.12.10　プロジェクトステークホルダーマネジメント

PMBOK（第 6 版）の定義では，「プロジェクトに影響を与えたりプロジェクトによって影響を受けたりする可能性がある個人やグループまたは組織を特定し，ステークホルダーの期待とプロジェクトへの影響力を分析し，ステークホルダーがプロジェクトの意思決定や実行に効果的に関与できるような適切なマネジメント戦略を策定するプロセスと活動」とあります．

練習問題

7-1　PMBOK が第 7 版からその記載をプロセスベースからコンセプトベースに変更した理由を述べよ.

7-2　プロジェクトとプロジェクトのトライアングルの定義を述べよ.

7-3　プロジェクトと定常業務の違いを述べよ.

7-4　プロジェクトマネジメントの原理・原則において,「オープンなコミュニケーション」の特徴について述べよ.

7-5　プロジェクトマネジメントの原理・原則において,「オーナーシップの共有」の特徴について述べよ.

7-6　プロジェクトパフォーマンス領域において,「チームパフォーマンス領域」の特徴について述べよ.

7-7　プロジェクトパフォーマンス領域において,「不確かさパフォーマンス領域」の特徴について述べよ.

7-8　プロジェクトマネジャーと PMO の違いを述べよ.

第 7 章の参考文献

［1］　Project Management Institute：「プロジェクトマネジメント知識体系ガイド PMBOK ガイド 第 6 版(日本語)」, 2017(日本語版 2018).
［2］　Project Management Institute：「アジャイル実務ガイド(日本語版)」, 2017(日本語版 2018).
［3］　Project Management Institute：「プロジェクトマネジメント知識体系ガイド PMBOK ガイド 第 7 版(日本語)」, 2021(日本語版 2021).
［4］　Erik Bethke：*Game Development and Production*, p.65, 2003.

第8章
社会システムとシミュレーション

　本章の主題は「シミュレーション」です．ここでは，特に社会システムを対象にしたシミュレーションに焦点を当てますが，なぜ本書の主題である経営情報システムの理解に，社会システムやシミュレーションの議論が必要なのでしょうか？　この点を明らかにするには，まずシミュレーションとは何であるかを押さえておく必要があります．まず，シミュレーションがどのように生まれたのか，その歴史から振り返ります．

8.1　シミュレーションとは何だろう？

　シミュレーションとはさまざまな意味で用いられますが，ここでのシミュレーションは日本語で「模擬実験」と訳されるものです．「模擬」というのは本物，実物ではないという意味があります．つまり，シミュレーションとは，実際に知りたい対象，分析したい対象そのものを直接調べるのではなく，その代わりに，実物を模した代替物を使って調べる実験，調査のことです．

　シミュレーションの歴史は長く，古くは戦争における作戦計画の立案，分析や演習に使われました．地形図の上に兵隊や部隊を表す駒や符号を配置し，偶発的に決まる勝敗をサイコロなどを使って決定しながら，駒や符号を動かすというものです．戦争計画の立案や分析は，実戦の前に行うものですから，本物の兵隊を実際に戦わせたのではその目的にかないません．したがって，実際の部隊や兵隊を模した代替物である駒や，実際の戦場を模した地形図を用いて調べることになります．このような模擬的な戦争は，兵棋演習として19世紀の軍学校では，すでに教育目的で用いられていました．

　今日のシミュレーションでは，多くの場合コンピュータが使われます．例えば，自動車が衝突した際にどのような破壊が起こるかを調べるのは，安全な自動車を設計するうえで欠かせません．この場合，実際に自動車をぶつけて壊し

てみるのは一つの方法ですが，衝突時のスピードや衝突する部位などの条件を
さまざまに変えて調べるには，衝突実験を何度も行う必要があります．1度ぶ
つけて破壊された車は，もう実験には使えませんから，何台もの車を壊す必要
があり，当然コストがかさみます．実際の車の代わりに，車が破壊するメカニ
ズムをコンピュータ上にプログラムの形で表現し，プログラムを実行すること
で車の破壊していく様子を調べることができれば，実物を壊すことなく，さま
ざまな条件で実験することが可能になります．

　また，「実物を使わなくていい」ということが決定的に有利な状況が多くあ
ります．例えば，航空機の操縦をトレーニングする際に，さまざまな事故を想
定してその対処法を学ぶ場合を考えてください．航行中にエンジンが故障して
停止した場合に，パイロットがどのように行動すべきかを訓練するわけです．
実機や訓練用航空機を飛ばしてエンジンを停止させて訓練を行うのは，下手を
すると人命が失われる可能性があります．この目的では，地上で「フライトシ
ミュレータ」と呼ばれる航空機の飛行を模擬する装置が使われます．現在のフ
ライトシミュレータは，航空機の操縦席での操作や，風向きなどの天候が航空
機にどのように作用するかをコンピュータ上のプログラムとして表現し，航空
機の振舞いをコンピュータで計算しながら訓練生に操作させるという形態を取
ります．本格的なフライトシミュレータでは，実機をそっくり真似た操縦席を
持ち，航空機の姿勢の変化や操縦席からの視界が，実機さながらに操縦士に感
じられるようにできています．

　このように，コンピュータ上に模擬的な対象物を表現しシミュレーションを
行うものをさして，**コンピュータシミュレーション**と呼びます．本書では，以
降，コンピュータシミュレーションのみを扱いますので，単に，シミュレー
ションと呼んで，このコンピュータシミュレーションを表すものとします．

8.2　シミュレーションモデルとは何だろう？

　自動車の破壊実験やフライトシミュレーションでは，いずれの場合も，実際
の対象物である自動車や航空機が現実世界でどのように振る舞うのかをコン
ピュータ上に表現する必要があります．自動車の破壊実験の場合だと，自動車
の構造物である鉄板が，衝突によって与えられる外力によってどのように変形
するのかをコンピュータ上に表現しなければなりません．鉄のような剛体が力

によってどのように変形するかは，力学では運動方程式に代表される物理法則を表現する方程式によって表現されます[1]．フライトシミュレーションにおいて，翼についている舵を操作した際に，機体がどのような力を受けて，どのように動くかも，流体力学では方程式として表現されます．車体や機体はたくさんの部品や部位からできていますから，各部位を表す方程式がたくさん集まり，加えてそれらの間の関係を表す方程式も加えた多くの連立方程式として，車体や機体が表現されます．さらに，部品が故障するといった突発的なできごとを表現する場合には，サイコロを振るのと同様なランダム事象をプログラムとして組み込んで，事故が起こるかどうかを表現します．コンピュータはこれらの方程式とランダムな事象を関係づけながら，コンピュータ上で時間の進行を追って方程式を解くことで，模擬的に車体や機体の振舞いをコンピュータ上に表すことができます．多くの場合，方程式の解として得られる結果を，人間にわかりやすい形で絵にしたり，操縦席を模したフライトシミュレータを動かしたりして姿勢の変化を表すといった工夫がなされますが，これらのシミュレーションで核となる大事な部分は，実物の振舞いを方程式の集まりとして表現した部分です．

　方程式による物理法則の表現も，私たちの周りにある現実の世界を，ありのままに忠実に写し取ったものではないことに注意してください．ニュートンの運動方程式で取り扱われる物体は，多くの場合大きさを持たない「質点」と呼ばれる理想化されたものです．現実には大きさをもたない物体というのは存在しませんから，運動方程式は，現実の世界のできごとから，大事な部分だけを抜き取って，他の部分（例えば物体の大きさ）を切り捨てたうえで（このような行為を「抽象化」といいました），数学の言葉を使って式として表現したものです．このようにして表現されたものを，私たちは「モデル」と呼びました[2]．シミュレーションの核となるこのようなモデルのことを，**シミュレーションモデル**と呼びます．

　方程式として表現されるモデルは，方程式を「解く」ことによって，その振舞いがわかるようになります．したがって，コンピュータ上でこれらのモデル

[1]　方程式によって表現される最も基本的な物理法則は，高校の物理で学ぶ「ニュートンの第2法則」と呼ばれる運動方程式です．物体に加わる力は質量と加速度の積と等しいというもので，数式を使うと，力，質量，加速度をそれぞれ F, m, a として，$F=ma$ と表現されます．
[2]　第1章1.9節参照．

を「動かす」には，方程式をコンピュータ上で解く必要があります．運動方程式のような方程式をコンピュータ上で解くにはいくつかの方法がありますが，それぞれ長所短所があるので，方程式の特性やコンピュータの性能，シミュレーションに求められる精度などを考慮して，適切な方法を用いて解くことになります．本章での主題は，上記の例のような運動方程式で表現された物理系のシミュレーションではなく，人間の振舞いなどを盛り込んだ「社会シミュレーション」なので，方程式を解くための個別の方法について深く立ち入ることはしません．

　では，本書の主題である「社会シミュレーション」とは何でしょう．社会シミュレーションの対象は，「社会システム」です．まずは社会システムとはどのようなものなのかを確認しましょう．

8.3　社会システムとは何だろう？

　1.6 節で見たように，「システム」とは次の3つの性質を備えたもののことです．

1) 　複数の要素からできている
2) 　要素間に関係がある
3) 　全体として何らかの秩序性を持っている

「社会システム」とは，私たちが暮らす社会をこれらの3つの性質を備えたものとして捉えたものです．社会を構成する要素には，人，世帯，会社や自治体，国家のような組織などが考えられます．これらのどれを要素と考えるかは，私たちが社会のどの側面に着目してシミュレーションを行いたいかによって変わってきます．後で例を示しますが，ある例では世帯が，ある例では企業が，またある例では人が要素となります．

　2つめの関係とは何でしょう？　わかりやすい例として，人を要素と考えた場合を見てみます．人間は社会的な動物なので，互いに関係し合わずに生きていくことはほとんど不可能です．人と人との間には，言葉による情報の交換や，物やお金のやりとりが存在し，これらによってそれぞれの人の行動は影響を受けます．

　3つめの「秩序性」とは何でしょうか？　例えば人の集まりとしての社会を考えてみましょう．私たちは社会の中でまったく自由に行動しているわけでは

ありません．社会の一員として生きていくうえで，さまざまな規則や制約を受けます．例えば，戦争のような特別な場合を除き，人を殺すと法律によって罰せられます．売買のような経済活動を行う場合でも，代金を受け取っておきながら商品を渡さないと，やはり法律に違反することになります[3]．たとえそれが口約束による個人売買であっても同じですし，友人同士の場合にはその後の付き合いに支障が出るでしょう．もしあなたが友人を大切なものと考えるなら，約束を守らなければならないという制約を受けます．これらの規則や制約は，実は社会の構成員である人間が作り上げたものですが，同時に，私たちの行動を規制し，社会全体の秩序を維持するという働きを持ちます．このように，社会には構成要素がまったく自由には行動できないような秩序が備わっています．

　人を要素とするシステムが持つ秩序性の別の例として，人口の変化を考えてみましょう．人口やその年齢構成がどうなるかは，税制や年金制度の設計のような国家や自治体の運営において重要な問題です．私たち人間が社会生活を行うことによって，出生や死亡といったできごとが各地で発生し，その結果として人口は変動しますが，この人口の変動はまったく無秩序に起きるわけではありません．出生率は，その社会の文化的な背景によって異なりますし[4]，死亡率も災害などの影響を受けますが，例えば10年後の人口や年齢構成はかなりの精度で予測できます．出生率，死亡率，出産可能な年齢などはほぼ安定しているため，人口の変動は国家や自治体を1つのまとまりとして，方程式によって表現できます．つまり，自然現象に似た法則性，規則性を持っています．すなわち，社会において人口の変動に着目した場合，秩序性を備えたシステムと見なすことができます．

　私たちはこのような「システム」としての性質を備えた社会を，「社会システム」と呼んで，そこで起こるさまざまな問題の理解や解決に，シミュレーションを用いることができます．

---

3)　売買契約の履行については，商法や民法にその規定があります．主に企業間の売買を定めるのが商法，個人間の売買を定めるのが民法です．
4)　国によって出生率には違いがあります．一般に，先進国は低く，発展途上国は高いという傾向がありますが，中国の一人っ子政策のような規則によっても影響を受けます．

8.4 社会シミュレーションと経営情報システムにはどんな関係があるのだろう?

　本章の「社会シミュレーション」を「経営情報システム」について学ぶ最終章に位置づけたのは,もちろんこれら2つの間に関係があるからです.

　経営情報システムは単に情報を処理するためにあるのではありません.これらは,私たちの周りにある問題,特に経営に関わる問題を解決するためにあります.企業や自治体などの組織が情報システムを導入する際の究極的な目的は,問題を分析し,これまでの組織が行ってきた仕事のやり方を見直して,より良い物に変えていくプロセスを通して問題を解決することにあります.その際に必要なことは,これまでの組織や問題,あるいは望ましい組織,目標とする状態を「モデル」として表現することです.

　経営情報においてコンピュータシミュレーションが有効な理由には,モデル化の対象の持つ特別な性質があります.企業や自治体などの組織上の問題は,人間が関わるのが普通です.人間が関わる対象物に実験を行う場合には,細心の注意が必要となります.特にその影響の及ぶ範囲が大きい場合,実際の対象を使って実験することは多くの場合,困難です.例えば,消費税率を上げた場合の経済活動や景気への影響を調べるために,税率の変更前に実際の社会を使って実験することは不可能です.このような場合,コンピュータ上で模擬的な実験が行えることは大きな利点となります.

　また,人間が関わる複雑な問題では,多くの自然現象が微分方程式で表現され方程式を解くことによってその振舞いがわかる,といった具合にはいきません.例えば,ニュートンの運動方程式によれば,物体に2倍の力を与えると加速度は2倍になります.このような関係を「比例」と呼びますが,力と加速度の関係をグラフで表現すると,直線になります.このように,グラフで表現したとき直線的な関係として示される性質を**線形性**と呼びます.線形性を備えたものは数学的に取扱いがやさしく,その振舞いを解として求めることが可能です.しかし,人間の行動は多くの場合このようにはいきません.例えば,労働者に報酬を2倍与えると生産性が2倍になるというわけにはいきません.また,人間の行動に影響を与えるものは,力や報酬のように定量化できるもの以外にも多くあります.例えば,あなたの手元にペンがあると想定してください.そのペンが,今朝,駅の売店で100円を払って購入したものなのか,それとも遠

くへ引っ越す親友からお別れの記念にもらったものなのかによって，同じペンでもその扱いに違いが出ませんか？　人間の行動は，このように「もの」が「もの」として持っている性質のみならず，その「もの」に与えられる「意味」によって影響を受けます．親友からもらったペンは，仮にそれが100円で入手可能なものであっても，あなたにとって特別な意味を持つ場合があります．このように，微分方程式のような伝統的な数学によって定量的な取り扱いが困難な要因によって人間の行動は大きく影響を受けます．このような状況でも，例えば「もしペンが重要な意味を持つならば，大切に取り扱う」というような，「もし～ならば，…する」という規則（ルール）の形で表現してコンピュータ上で実行可能なモデルにすることは可能です．そうすることによって，コンピュータ上で模擬的に実行可能なシミュレーションモデルを作成しコンピュータを問題解決に役立てることができます．

8.5　社会シミュレーションには，どのようなものがあるのだろう？

　シミュレーションモデルを用いて社会を表現する試みの先駆けとして著名なものに，『成長の限界』という書籍で知られる世界モデルがあります．成長の限界とは，「ローマクラブ」と呼ばれる民間の研究組織が推進した研究成果を1972年に発表した著書のタイトルです[1]．ローマクラブという名称は，この組織を立ち上げる際の最初の会合が，イタリアの首都ローマで開催されたことに由来します．『成長の限界』は，人類が1970年当時の活動をそのまま続ければ，資源の枯渇や環境の汚染によって，人類の成長が限界に達するという予測を示した著書です．地球環境問題は現在に至るまで，人類が解決すべき最も重要な問題ですが，成長の限界は，その先駆的なものとして，広く人類に警鐘を鳴らしたことで有名です．そこでは，「システムダイナミクス」と呼ばれるシミュレーション技法を使ったコンピュータシミュレーションが用いられました．

　システムダイナミクスは，1950年代に米国マサチューセッツ工科大学のジェイ・フォレスターによって開発されたシミュレーション技法です．その技法の中心は，微分方程式として表現される変数間の関係にもとづいて，数値計算を行うものですが，変数間の関係を図で表現できるため，要素間の関係がわかり

やすく，多くの変数から構成されるモデルの全体像を直感的に把握できるという特徴があります．

　例えば，人口は増加率が一定だとすると，その変動は現在の人口に増加率を掛けたものとして表現できます．変動は人口の変化率ですから，人口を時間で微分したものです．つまり，人口を時間で微分した量は，人口と増加率の積として式によって表現でき，これは式の中に変数の微分を含むので，微分方程式となります．この微分方程式を解くと，人口は指数関数的に急激に増加することがわかります．システムダイナミクスでは，この微分方程式を図によって記述できます．

　この技法を用いて，ローマクラブからの委託を受けた，やはり同じくマサチューセッツ工科大学のデニス・メドウズらを中心とする研究グループが，人口，産業，農業生産，環境汚染，資源などの要素からなるモデルを作成し，それらを関連付けて将来の人類を取り巻く状況がどうなるかを予想しました．それによれば，1970年までの活動を人類がその後も続ければ，急激な人口の増加に比べて食料の生産がそれほど伸びないこと，もし新しい油田が見つからないと仮定すれば，1990年代に石油資源が枯渇すること，環境汚染が進み人類の成長は限界に達し，2020年頃に人口の増加はピークを迎え，その後減少に転じること，などが示され，世界中に衝撃を与えました．もちろん，その後新しい油田開発が行われ，省エネルギー技術の開発や，先進国での出生率の低下などによって，成長の限界で予想されたとおりの資源の枯渇や食糧危機は幸いながらまだ起こってはいません．

　この『成長の限界』のレポートに対して，さまざまな批判が寄せられました．例えば，世界の振舞いを表現するはずのモデルが，地域の違いを考慮していないとか，モデルの記述が現実の世界の様子に比べて，あまりにも単純すぎるといったものです．

　これらの批判を受けて，ローマクラブのメンバーであった米国オハイオ州クリーブランドにあるケースウエスタンリザーブ大学のメサロビッチ教授[5]らのグループが，新たなモデルを作成し，コンピュータシミュレーションを実行した結果を，「ローマクラブ第2レポート」として発表しました[2]．そこでは，

---

5)　Mihajlo Mesarovic(1928-2017). ユーゴスラビア(現在のセルビア共和国)出身の数学者，システム科学者．1959年よりケース工科大学(現在のケースウエスタンリザーブ大学)で教える．ローマクラブのメンバーとして，第2レポート『転機に立つ人間社会』を執筆した．

数理的一般システム理論における階層システムモデルが使用され,世界という複雑な対象が,階層性を持ったシステムとして表現されています.

近年,コンピュータ技術の進展と,モデル作成を支援するソフトウェアの開発にともない,エージェントベースアプローチと呼ばれるシミュレーション手法が注目を浴びています.次の節で,この手法について説明します.

8.6 エージェントベースアプローチとは何だろう?

すでに述べたように,社会とは人や世帯,企業などの組織を要素として構成されるシステムと見なすことができます.社会システムは,これらの要素が互いに関係し合うことでできています.したがって,社会を構成する要素である人,企業などがどのように振る舞うのか,そして,それらがどのように関係し合うのかをコンピュータ上に表現することができれば,社会をコンピュータ上でシミュレーションすることが可能になります.

8.5節で,人口の増加が,システムダイナミクスの技法では微分方程式によって表現されるという例を示しましたが,そこでは,社会全体を特徴づける人口という変数を使ってモデルを作るのであって,一人ひとりの行動に目を向けてはいません.エージェントベースアプローチでは,このように社会をひとまとまりの中身の見えない箱として取り扱うのではなく,箱の中に入っている要素一つひとつに着目してモデルを作ります.例えば,人口の変動に着目する場合,人が婚期に到達して世帯を構成し,個々の世帯の収入や家族観にもとづいて,子供を設けるといったプロセスを表現します.それぞれの世帯が子供を出生するかどうか,あるいは何人の子供を出生するかどうかは,不確実なイベントです.したがって,モデルでは不確実性を表現するために,ランダムな事象として取り扱います.死亡についても,自然死や事故死をランダムな事象として表現することができます.このように,社会システムを構成する要素をモデル化したものをエージェントと呼びます.

日本では出生率の低下とともに,人口の減少,超高齢化の進行が懸念されています.労働に従事できる生産年齢が減少して高齢者が増加すると,税収が減少すると同時に,医療や年金などの社会保障費が増加して,国家としての社会の運営に支障が出る可能性があります.どのような税制や社会保障が適切なのかといった社会設計は,私たちにとって重要な問題です.先ほど述べた人口に

着目したエージェントベースモデルを作成し，個々の世帯での出生が徴税や，育児の補助金などによってどのように影響を受けるかを表現することで，税制や社会保障制度として検討したいいくつかの候補を，シミュレーションによって分析することができます．エージェントベースアプローチは，このような社会設計の支援に使えます．

　また，近年では毎年冬になると新型インフルエンザの人間への感染が心配されますが，このような新しい伝染病に対して，どのような対策が効果的なのかの意思決定の支援に，エージェントベースアプローチは有効です．伝染病の伝播は，人々の社会活動による接触が大きく影響します．学級閉鎖や，学校閉鎖などの措置がとられるのは，人間同士の接触による感染を防ぐためです．人々が，どのような職業に就いているか，あるいは就学中かどうかを考慮し，それぞれどのように行動するかを表現し，感染のメカニズムを合わせて表現したうえで，例えば，一斉ワクチン接種，学校閉鎖，それらの実施のタイミングなどを選択肢として用意し，それらの効果をシミュレーションすることで，効果的な対策の意思決定の支援に役立てることができます．

8.7　エージェントベースアプローチによるモデルにはどのようなものがあるのだろう？

　ここでは，エージェントベースアプローチを用いて作られたモデルをいくつか紹介します．

8.7.1　シェリングの分居モデル

　ここで紹介するのは，トーマス・シェリングによる「分居モデル（住み分けモデル：segregation model）」と呼ばれるモデルです．シェリングは2005年にノーベル経済学賞を受賞したゲーム理論家として有名ですが，ここで紹介する彼のモデルは，ノーベル賞の受賞理由となったゲーム理論研究とは直接的には関係がないものです．しかし，この分居モデルは「セルオートマトン」という基本的な道具をベースに作られた簡単なものでありながら，シミュレーション結果が非常に示唆に富むものであることから，エージェントベースアプローチによる社会システムのモデル化がめざすべき1つの方向を示す，いわばアイコン（偶像）として，しばしば取り上げられます．

　分居モデルの対象とする社会システムとは，次のようなものです．1970年代から1980年代の米国の都市において，郊外に新たに住宅を購入して都心から引っ越す上流／中流階級のヨーロッパ系米国人世帯が多数発生し，都心部ではアフリカ系米国人を中心とする低所得者の比率が上昇，その結果，都心部の荒廃，治安の悪化，コミュニティの崩壊が起こりました．シェリングの分居モデルは，この現象がなぜ起こるのかをセルオートマトンと呼ばれる仕組みを使って説明するものです．

　図8.1の右の枠内にあるように，二次元の平面を，多数のセルに分割します．一つひとつのセルは，住居可能な1つの区画を表しています．この多くの区画からなる平面上に，適切な数の赤と青の2種類のエージェントを，重複しないようにランダムに配置します．2種類のエージェントの色の違いは，上記のヨーロッパ系米国人とアフリカ系米国人の世帯を表現しています．1つの区画には1つの世帯しか居住できないことに加えて，後述するように，ある条件の下で世帯は居住者のいない空いた区画に移動できる必要があることから，エージェントの総数は，セルの総数よりも若干少なめに設定します．

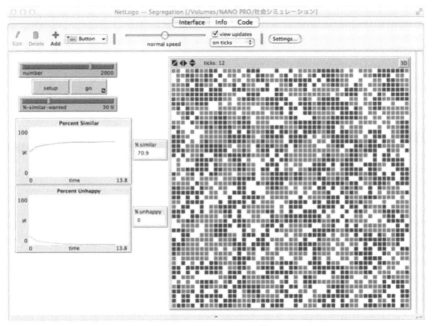

図8.1　シェリングの分居モデル（NetLogo [3] によるモデル実行画面）

　モデルは離散時間に沿って動きます．各ステップにおいて，居住者である
エージェントは，下記のルールに従って，次のステップに別な区画に移動する
か(引っ越すか)，あるいは同じ場所に留まるか(引っ越さないか)を決定します．

　「周囲に住む世帯のうち，自分と同じ色の世帯が占める比率が，あらかじめ
定められた許容閾値(いきち)を下回ったら，他の空いている区画に移動する．そうでな
ければ，同じ区画に留まる」

　ここでの「周囲」とは，図8.2の「ムーア近傍」の図にあるように，自区画
の周囲にある8つの区画を意味します[6]．また，「許容閾値」は，周囲に自分と
同じ種類の世帯がどの程度いれば満足するかという尺度を表現しています．例
えば，許容閾値が40％であるというのは，周囲に5世帯が住んでいて，その
うち2世帯以上が自分と同じ色ならばその場所に満足して留まるが，2世帯を
下回れば他の区画に移住することを表しています．分居モデルでは，2種類の
世帯とも，すべてが共通の許容閾値を持っているという設定で動作させます．
シミュレーションでは，これだけの単純なルールでモデルを動作させ，すべて
のエージェントが満足して移動しなくなった時点で停止します．その結果，2
種類のエージェントの間でどの程度の住み分けが起こっているかを観察しま
す．

　従来の仮説では，住み分けが起こるのは，ヨーロッパ系米国人が人種的偏見

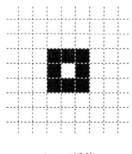
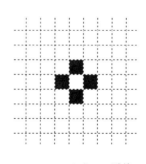

ムーア近傍　　　　　　　　　　フォン・ノイマン近傍

(出典) 第8章の参考文献［4］をもとに筆者作成

図8.2　ムーア近傍とフォン・ノイマン近傍

---

6)　セルオートマトンの用語では，このように定められた周囲のセルの集まりを，「ムーア
　　近傍」といいます．二次元のセルオートマトンでは，ムーア近傍に含まれるセルの数は
　　8つです．また，東西南北のセルのみからなる4つのセルの集まりを考える「フォン・
　　ノイマン近傍」も，セルオートマトンのモデル化においてよく使われます．

を持っていて，許容閾値としては 50％以上の高い値を持っているからであろうと考えられていました．しかし，シェリングのモデルを実行してわかったことは，許容閾値が 50％よりかなり小さくても，分居は起こるということでした．許容閾値が 30％程度でも分居は起こります．許容閾値 30％というのは，周囲に住む自分とは異なるタイプの人が 7 割近くいても許容できるという寛容さを，すべての住人が持っているということです．つまり，人々が近所内で少数であることにほぼ満足するとしても，周囲の人が自分と同じタイプであることを少しでも望む限り，分居は起こってしまうということを示したのです．

個々の世帯については，周囲の住人の異質性についてある程度寛容であっても，二次元平面に敷き詰められた区画が隣接し合っているという空間的制約を受けて互いに関連し合うことで，要素である個々の世帯の持つ性質からは予想できないような振舞いが全体として現れてくるという点が重要です．このように，要素同士が関連し合ったときに，個々の要素には還元できない[7]ような振舞いが全体として現れてくることを，システムの理論では**創発性**といいます．

シェリングの分居モデルは，抽象度の高いモデルです．二次元平面に敷き詰められた区画は，現存する特定の地域を表しているわけではありませんし，もちろん，個々の世帯が，現存する特定の世帯に対応しているわけでもありません．しかし，セルの振舞いとして仮定されている許容閾値の設定や，世帯同士の関係が私たちの行動を決定づける要因として納得のいくものであって，しかもシミュレーションの結果観察できる全体の振舞いが，私たちが知っている社会システムの振舞いと同様な性質を持つと認められる場合には，モデルで表現されたメカニズムは，社会現象を説明するものとして説得力を持ちます．このような抽象度の高いモデルは，**抽象的モデル**（abstract model）と呼ばれます．

8.7.2 感染症対策のシミュレーション

8.7.1 項で述べた抽象的モデルに対して，可能な限り詳細にモデル化を行おうという試みがあります．その例として，感染症対策のシミュレーションを取り上げます．2019 年以降に発生した新型コロナウイルス感染症のような新しい感染症の発生や，新型インフルエンザの爆発的な流行への懸念に対して，さまざまな対策が考えられます．天然痘のように，バイオテロに使われる可能性

---

[7] 全体の性質や振舞いを説明しようとしたとき，全体を構成する要素の性質や振舞いに帰着させて全体が説明できるとき，全体が要素に「還元」されるといいます．

が指摘されている感染症もあります．自治体や国家レベルでの対応が必要と
なったとき，ワクチン接種をどのようなタイミングでどの範囲を対象に行うべ
きなのか，学校閉鎖をどのタイミングで行えばいいのかといった意思決定が必
要となります．

　このような感染症の流行と，考え得る対策の効果を，エージェントベースア
プローチによるモデルを使ってシミュレーションしようという試みは各所でな
されていますが，その一つに，元東京工業大学[8]の出口弘教授らによる研究が
あります[5]．出口らのモデルでは，現存する数万人から数百万人規模の特定
のコミュニティを想定し，構成員である住民一人ひとりの職業や年齢などのプ
ロフィール，人が集まる駅や学校などの地理的な情報，感染症の病理（感染か
ら発病，寛解に至るメカニズム）などのさまざまなモデルを組み合わせて，現
実の社会を詳細に表現したモデルです．このように，モデルの要素を実際の社
会の実態に対応させて，詳細にきめ細かく表現するモデルのことを，**ファクシ
ミリモデル**（facsimile model）[9]と呼びます．

8.7.3　その他のモデル

　これまでに述べた分居モデルのような抽象的モデルと，感染症対策のシミュ
レーションのようなファクシミリモデルとの間には，モデルの抽象度や詳細度
に大きな違いがあります．この2つのモデルの中間的な抽象度・詳細度を持つ
モデルは，**ミドルレンジモデル**（middle range model）と呼ばれます．エージェ
ントベースアプローチによるモデルの多くは，このカテゴリーに属します．

---

8)　2021年まで東京工業大学教授．2021年より千葉商科大学教授（2024年現在）．
9)　ここでの「ファクシミリ」は，電話回線を使ってアナログ方式で画像データを転送する
　　ファクシミリ（またはファックス）と同じ意味で用いています．facsimile には，もとも
　　と「複製」という意味があります．書面の複製を画像として転送するのが，通信サービ
　　スとしてのファクシミリです．ここでは，実在する社会の複製ともいえるほど精緻なモ
　　デルという意味で，ファクシミリという言葉を使っています．

練習問題

8-1 シェリングのシミュレーションモデル(分居モデル)が対象とした社会現象とはどのようなものか.

8-2 シェリングの分居モデルによるシミュレーションによって,どのような知見が得られるか.あるいは,どのような主張が確かめられるか.

8-3 次の8つは,社会シミュレーションで用いられるマルチエージェントモデルにおいて,エージェントのモデルに組み込まれることの多い代表的な属性である.

   1)　知識と信念,2)　推論,3)　社会モデル(内部モデル),4)　知識表現,
   5)　目標,6)　計画,7)　言語,8)　感情

本文中で取り上げた次のマルチエージェントモデルにおいて,上記の8つの属性のうち実際にエージェントに組み込まれている属性(特徴)は何か.解答ではそのように判断する理由も述べよ.

   1)　シェリングの分居モデル
   2)　感染症対策のためのシミュレーションモデル

第8章の参考文献

[1]　D.メドウズほか著,大来佐武郎監訳:『成長の限界—ローマクラブ「人類の危機」レポート』,ダイヤモンド社,1972年.
[2]　M.メサロビッチほか著,大来佐武郎ほか訳:『転機に立つ人間社会—ローマ・クラブ第2レポート』,ダイヤモンド社,1975年.
[3]　Wilensky, U.：NetLogo, Center for Connected Learning and Computer-Based Modeling, Northwestern University, Evanston, IL.,1999.
　　http://ccl.northwestern.edu/netlogo/
[4]　N.Gilbert & K.G. Troitzsch：*Simulation for the Social Scientist, Second Edition*, Open University Press, 2005
　　(N.ギルバート,K.G.トロイチュ著,井庭崇ほか訳:『社会シミュレーションの技法(初版)』,日本評論社,2003年)
[5]　出口弘ほか:「新型コロナウイルス感染シミュレーション」,MRAリサーチアソシエイツ コラム＆レポート,
　　https://www.mri-ra.co.jp/report/2020/08/covid19mas.html
　　(2023年12月アクセス)

索引

著者紹介

柴　直樹 （しば　なおき）

1963 年生まれ. 1988 年東京工業大学大学院総合理工学研究科システム科学専攻修士課程修了. 日本電信電話㈱, 東京工業大学助手, 千葉工業大学助教授, 日本大学准教授を経て, 2010 年より日本大学生産工学部教授. 博士(理学). 専門分野は情報システム, 意思決定論, システム理論. 共著に *Systems Researach I*(Springer, 2022 年), 『形式手法 モデル理論アプローチ【第 2 版】モデル編／実践編』(日科技連出版社, 2016 年)ほか. 経営情報学会, Association for Infomration Systems(AIS)ほか会員.

水上　祐治 （みずかみ　ゆうじ）

1968 年生まれ. 2013 年青山学院大学大学院国際マネジメント研究科国際マネジメントサイエンス専攻博士課程修了. 日本フィリップス㈱, ボーズ・オートモーティブ㈱, 日本大学准教授を経て, 2019 年より日本大学生産工学部教授. 博士(経営管理), TOPSE. 専門分野はソフトウェア工学, 計量経済学, 計算機統計. 日本経営システム学会(理事), ジョイ・オブ・ワーク推進協会(理事長)ほか.

経営情報システム入門【第2版】

2016 年 3 月24日　第 1 版第 1 刷発行
2020 年 1 月22日　第 1 版第 3 刷発行
2024 年 3 月31日　第 2 版第 1 刷発行

著　者　柴　　直樹
　　　　水上　祐治
発行人　戸羽　節文

発行所　株式会社 日科技連出版社
〒151-0051　東京都渋谷区千駄ヶ谷5-15-5
DS ビル
電　話　出版　03-5379-1244
　　　　営業　03-5379-1238

検　印
省　略

Printed in Japan

印刷・製本　壮光舎印刷株式会社

© *Naoki Shiba, Yuji Mizukami 2016, 2024*
ISBN 978-4-8171-9791-7
URL https://www.juse-p.co.jp/

　本書の全部または一部を無断でコピー，スキャン，デジタル化などの複製をすることは著作権法上での例外を除き禁じられています．本書を代行業者等の第三者に依頼してスキャンやデジタル化することは，たとえ個人や家庭内での利用でも著作権法違反です。